MATELOT

COLLECTION BLEUE

PIERRE LOTI

AZIYADÉ
LES DÉSENCHANTÉES
FANTOME D'ORIENT
L'INDE (SANS LES ANGLAIS)
MADAME CHRYSANTHÈME
MATELOT
PÊCHEUR D'ISLANDE
SUPRÊMES VISIONS D'ORIENT

PIERRE LOTI
DE L'ACADÉMIE FRANÇAISE

MATELOT

PARIS
CALMANN-LÉVY, ÉDITEURS
3, RUE AUBER, 3

Droits de traduction et de reproduction réservés pour tous les pays.

MATELOT

1

Un enfant habillé en ange, — c'est-à-dire demi-nu, avec une fine petite chemise et, aux épaules, les deux ailes d'un pigeon blanc... C'était au beau soleil d'un mois de juin méridional, dans l'extrême Provence confinant à l'Italie. Il marchait, à une procession de Fête-Dieu, en compagnie de trois autres en costume pareil.

Les trois autres anges étaient blonds et cheminaient les yeux baissés, comme prenant au sérieux tout cela. Lui, le petit Jean, très brun au contraire et tout bouclé, le plus joli de tous et le plus fort, dévisageait comiquement ceux qui s'agenouillaient sur sa route, pas recueilli du tout et possédé d'une visible envie de s'amuser. Il avait l'air vigoureux et sain, des traits réguliers, un teint de fruit doré, et des sourcils comme deux petites bandes de velours noir. Son regard, candide et rieur, était resté plus enfantin, plus bébé encore que ne le comportaient ses six ou sept ans, et le bleu de ses yeux, grands ouverts entre de très longs cils, étonnait, avec ce minois de petit Arabe.

Ses parents, — une mère veuve, encore en deuil mais déjà sans le long voile, et un bon vieux grand-père en redingote noire, cravaté de blanc, — suivaient d'un peu loin dans la foule, le sourire heureux, fiers de voir qu'il était si gentil et d'entendre tout le monde le dire.

Pas très fortunés, cette maman et ce grand-père : ne possédant guère qu'une maisonnette en ville et un petit bien de campagne où il y avait des orangers et des champs de roses; apparentés, du reste, dans tout ce coin de France, avec des gens plus riches qu'eux, qui étaient des propriétaires ou des « parfumeurs » et qui les dédaignaient un peu. Ils étaient, ces Berny, une très nombreuse famille du pays, non croisée de sang étranger au moins depuis l'époque sarrasine, et leur type provençal avait pu se maintenir très pur. Depuis deux générations, ils faisaient partie de la bourgeoisie d'Antibes. Parmi leurs ascendants, quelques « capitaines marins » avaient couru la grande aventure du côté de Bourbon et des Indes ; aussi des hérédités, inquiétantes pour les mères, se révélaient-elles parfois chez les garçons.

A pas lents et religieux, tout en suivant le petit ange brun aux ailes de pigeon blanc, la mère veuve songeait beaucoup, et une préoccupation déjà troublait sa joie de le regarder. Oh ! pourquoi l'impossibilité de ce rêve puéril et doux, — semblable à celui que font toutes les mères, — de le conserver tel qu'il était là : petit enfant aux yeux limpides et à la tête bouclée ! Oh ! pourquoi est-ce demain, est-ce tout de suite, l'avenir ?... Tant de difficultés allaient se lever bientôt, autour de ce petit être indiscipliné et charmant, qui prenait déjà des allures d'homme malgré l'extrême enfantillage de ses yeux, qui avait des insouciances déconcertantes et qui s'échappait quelquefois, qui s'en allait on ne sait où courir jusqu'au soir. Pour lui donner la même instruction qu'à tous ses cousins plus riches que lui, comment faire ? Et s'il ne travaillait pas, après tous les sacrifices, que devenir ? Maintenant elle ne souriait plus et elle ne voyait plus la procession blanche, ni le gai soleil, ni la fugitive heure présente ; elle se reprenait uniquement à cette pensée, un peu étroite peut-être, mais si maternelle et qui dominait sa vie : arriver à faire de son pauvre petit Jean sans fortune un homme qui fût au moins l'égal des autres garçons de cette dédaigneuse famille des Berny....

II

Un enfant d'une dizaine d'années, l'allure pleine de hardiesse et de vie, déjà presque un grand garçon, avec toujours le même enfantillage et la même limpidité dans ses jolis yeux encadrés de velours noir, marchait délibérément sur la plage d'Antibes, suivi de trois ou quatre autres petits de son âge, dont l'un avait été lui aussi, quatre ans auparavant, un des anges de la Fête-Dieu.

Avec des airs empressés et entendus, comme pour lui porter secours, ils allaient vers une tartane échouée, qui se tenait immobile et tout de côté, au milieu des courtes petites lames bleues méditerranéennes, tandis que des pêcheurs, les jambes dans l'eau, demi-nus, s'agitaient alentour.

C'était un beau dimanche de Pâques. Jean étrennait ce jour-là son premier costume d'homme et certain petit chapeau de feutre marron à ruban de velours, qu'il portait très en arrière, à la façon d'un matelot. Le matin, dans cette même belle tenue toute neuve, il avait été entendre la grand'messe pascale avec sa mère, — et maintenant était arrivée l'heure si impatiemment attendue de s'échapper et de courir...

... Le soir, pour dîner, il rentra en retard, comme toujours, après toute sorte d'expéditions au vieux port et aux navires. Il avait beaucoup traîné ses habits neufs, malgré les recommandations suppliantes de sa mère, et il portait son petit feutre marron tout de côté sur ses boucles emmêlées et sur son front en sueur. Il fut grondé un peu, mais doucement comme d'habitude.

Parce que c'était soir de fête et qu'on devait sortir encore après dîner, il se mit à table avec son beau costume. Il demanda même, par fantaisie, à rester coiffé de ce gentil chapeau marron à larges bords qui faisait sa joie. Le vieux grand-père, qui chaque dimanche dînait chez sa fille, était là, lui aussi, portant toujours la redingote noire et la cravate blanche qui donnaient à sa quasi-pauvreté des dehors tellement respectables. — Et le crépuscule de printemps, limpide et rose, éclairait leur table familiale, que servait et desservait, depuis des années, la même bonne appelée Miette.

Malgré ses envies de courir, qui étaient assez continuelles, Jean les aimait bien tous deux, la maman et le grand-père ; dans son petit cœur primesautier, inégal, oublieux par instants, ils avaient une place un peu cachée, mais sûre et profonde. Et, en cet instant même, en cet instant précis, malgré ses airs distraits et absents, malgré l'attraction du dehors qui le tourmentait, une image nouvelle de chacun d'eux se superposait, en lui, aux images anciennes, une image plus solide que toutes les précédentes et qui, dans l'avenir, serait plus chérie et plus regrettée. Et aussi, se gravaient mieux les traits de cette pauvre humble Miette, qui avait aidé à l'élever et à le bercer ; — et aussi tous les détails de cette maison, si provençale d'aspect, d'arrangement et de senteurs, où il était né... Certains moments, qui semblent pourtant n'avoir rien de bien particulier, rien de plus ni de moins que tant d'autres restés inaperçus, deviennent pour nous comme d'inoubliables points de repère, au milieu des fuyantes durées. Ainsi était l'heure de ce dîner de Pâques, pour ce petit être, si enfant, qui sans doute n'avait encore jamais pensé avec tant d'intensité et d'inconsciente profondeur. Et, à cette empreinte particulièrement durable, qui se fixait tout à coup en lui-même, des bons yeux inquiets de sa mère, de la figure doucement résignée de son grand-père cravaté de blanc, venaient s'ajouter et se mêler — pour le *toujours* humain, c'est-à-dire pour jusqu'à la mort — une foule d'éléments secondaires : le premier costume d'homme, présage de liberté et d'inconnu ; la couleur d'un papier neuf aux murs de la salle à manger ; d'autres modestes embellissements au logis dont il se sentait très fier ; la joie d'une semaine de vacances qui commençait ; et puis l'impression de l'été qui allait venir, le charme de ce premier resplendissement des longs crépuscules, de cette première fois de l'année où l'on dînait, aux belles transparences mourantes du jour, sans la lampe ; et enfin, tant d'autres choses encore, dont l'ensemble formait l'enveloppement complexe et indicible de cette soirée heureuse. Les images qui s'inscrivaient là, au fond de sa mémoire, dans un inséparable assemblage, auraient pu s'appeler : *instantané* d'un beau soir de Pâques...

Tandis qu'elle, la mère, plus anxieusement le regardait, lui trouvant l'air si distrait et si ailleurs !... Depuis longtemps elle avait son idée, son plan obstiné, pour garder ce fils unique en Provence et vieillir auprès de lui : un oncle Berny, le seul des Berny riches qui fît attention au joli petit neveu pauvre, était un des parfumeurs du pays, autrement dit possédait dans la montagne une usine où se distillait la moisson de géraniums et de roses des champs d'alentour ; — et il avait parlé de se charger de l'avenir de Jean, de lui céder plus tard la place, si Jean, en se faisant homme, devenait soumis et travailleur.

Mais, à ce dîner de Pâques, elle s'attristait plus désespérément de lui voir la tête sans cesse tournée vers cette fenêtre ouverte, par où le port apparaissait, avec les navires, les tartanes, et l'échappée bleue du large...

1.

III

Un soir accablant et splendide de fin de juin, dans une salle d'étude où entrait à flots le soleil doré de six heures, un grand garçon charmant, à tournure d'homme, serré dans sa tunique trop petite de collégien, songeait, tout seul, les yeux en plein rêve.

Les classes venaient de finir ; les externes étaient sortis, les autres s'amusaient dans une cour éloignée. Lui, Jean, qui faisait partie du tout petit nombre des pensionnaires, dans ce collège provençal de Maristes, jouissait ce soir d'une liberté de faveur, parce que, le jour même, son nom avait paru a l'*Officiel* : Jean Berny, admissible à l'École navale !... Et il s'était isolé dans cette salle d'étude, pour réfléchir à la grande nouvelle qui ouvrait devant lui l'aventureux avenir...

Elle avait fait l'abandon de tous ses chers projets, sa mère, cela va sans dire ; elle avait consenti, puisqu'il le voulait, à le laisser entrer dans cette marine si redoutée, et, la chose une fois admise, elle s'était imposé, pour qu'au moins il réussît, des privations constantes et extrêmes.

Admissible au *Borda !* Il avait pourtant bien flâné, bien perdu son temps en enfantillages de toutes sortes, d'un bout à l'autre de ses années de collège, — pendant que la maman et le grand-père là-bas, et aussi l'humble Miette, économisaient sur toutes choses pour payer sa pension et ses répétiteurs.

Par exemple, à présent qu'il était admissible, il s'était dit qu'il allait employer tout à fait bien les deux mois de grâce qui lui restaient avant le décisif et terrible examen oral ; — mais il se donnait vacances ce soir et encore demain, rien que pour rêver un peu.

D'abord, il s'était amusé à écrire, en tête de tous ses cahiers de mathématiques, en regard de son nom, la date joyeuse et troublante de ce jour. Et maintenant, il pensait aux pays lointains, que baignent des mers étranges...

Autour de lui, le vieux collège mariste entrait dans le calme des journées finissantes ; les salles vides, les couloirs déserts s'emplissaient du silence sonore des soirs d'été ; par les fenêtres grandes ouvertes, l'or de ce soleil au déclin se diffusait partout, jetant sur la nudité des murs, badigeonnés d'ocre jaune, une chaude splendeur, et, dans le ciel, passaient et repassaient les tourbillons d'hirondelles noires, ivres de mouvement et de lumière, qui, de minute en minute, à chaque tour de leur vol, lançaient dans le collège silencieux leur cri comme une fusée.

Et, dans la mémoire de Jean, toute cette soirée et toutes ces choses se gravaient, au lieu profond, allaient devenir — comme jadis le dîner de Pâques — souvenir capital et point de repère, mais avec encore plus d'éléments étrangers et mystérieux cette fois, avec plus de mélancolie inexpliquée...

Jusqu'à l'heure où les premières chauves-souris s'échappèrent discrètement de dessous la vieille toiture chaude, il resta là tranquille et seul, songeant à cette marine qui tout à coup venait de se rapprocher, presque à portée de sa main. Et la splendeur de l'air lui parlait de contrées mornes et lumineuses, de villes orientales, de plages inconnues, et, vaguement, d'amour.

IV

Deux mois plus tard, vers le milieu des vacances, à Antibes.

La promotion de l'École navale allait être publiée. Une attente cruellement anxieuse planait sur la maison, brûlée de soleil provençal, où le grand-père venait chaque jour, aussitôt après l'arrivée de l'*Officiel*, dire que rien encore n'avait paru. Par l'un des Berny riches, qui avait cette fois daigné intervenir, on avait obtenu des recommandations de grands personnages auprès des examinateurs, et la mère de Jean espérait. C'était d'ailleurs comme une question de vie ou de mort, puisque ses dix-sept ans allaient sonner bientôt et que, s'il était refusé, le *Borda* lui serait fermé inexorablement à tout jamais.

Quant à lui, son insouciance ne se comprenait plus. Quelque chose de nouveau, dont ses parents s'inquiétaient, avait dû germer dans sa jolie tête, à la fois légère et obstinée, si difficile à conduire; car, même son enfantillage extrême n'expliquait pas ce détachement-là. Vraiment, on eût dit qu'il n'y tenait plus, à cette marine!... Mais ils reculaient tous deux de l'interroger, ayant presque peur de savoir...

Du reste, tout à fait jeune homme à présent, portant fine moustache et ayant quitté sa tunique de collégien pour un élégant costume anglais, il était constamment dehors, et s'attardait beaucoup, les soirs, à des équipées d'amour.

C'étaient pourtant bien toujours les mêmes yeux candides, d'un bleu gris, très largement ouverts dans le noir épais des cils, toujours les yeux du petit ange de la Fête-Dieu, qui éclairaient sa figure déjà virile et fière. Et ils désarmaient les reproches, ces yeux-là, par tout ce qu'ils avaient d'enfantin et d'irresponsable, de très doux aussi et de très bon.

En réalité, il était doux et bon comme son regard le disait, ce Jean si peu sage. Sa mère et son grand-père, qu'il avait presque constamment fait souffrir, il les aimait avec une tendre adoration. S'il était dur avec eux souvent, c'est qu'ils représentaient encore pour lui l'autorité, contre laquelle son indiscipline naturelle se maintenait en révolte. Le meilleur de son cœur, il le montrait aux plus humbles et aux plus dédaignés, à Miette quelquefois, ou bien à de petits mendiants, à de vieux pauvres, à des bêtes en détresse — et la maison était comiquement encombrée de trois ou quatre maigres chats très laids, ramassés par lui, sauvés tout petits de la noyade, essuyés avec amour et rapportés dans ses bras.

Un jour, le vieux grand-père, — toujours boutonné et correct dans sa redingote noire, qu'on n'avait cependant pas renouvelée cette année pour pouvoir payer un répétiteur de plus à son petit-fils, — arriva un peu plus tard que de coutume, d'une allure saccadée qui n'était pas la sienne.

Miette, qui le guettait à la fenêtre de la cuisine, effrayée de lui voir un journal à la main, referma vite les volets comme pour retarder le moment de savoir, — et s'assit, pour attendre, le cœur battant très fort.

Il entra, et dès qu'il fut monté dans le petit salon du premier étage, il appela d'une voix pas ordinaire :

— Henriette, viens, ma fille !...

Elle arriva, brusque et haletante :

— Qu'est-ce qu'il y a ?... Il est refusé, n'est-ce pas ?

— Eh bien ! oui... oui, ma fille... Du moins, nous devons le penser... car voici l'*Officiel*... et son nom ne s'y trouve point...

— Oh ! Seigneur mon Dieu !... dit seulement la mère, d'une voix basse et accablée, — en se tordant les mains.

Et ils restèrent silencieux l'un près de l'autre, le vieillard et elle, anéantis devant l'effondrement de tous leurs espoirs terrestres. Ils n'avaient rien à se dire ; pendant ces jours d'attente, ils avaient épuisé le sujet, dans leurs causeries inquiètes, examiné toutes les faces et prévu toutes les conséquences de cet irrémédiable malheur. Que ferait-il, que consentirait-il à faire ce Jean qu'ils n'avaient pas osé interroger ? Pour le maintenir au lycée, sur le même pied que les autres, pour conserver à la petite maison et à ses habitants une tenue convenable, il avait fallu emprunter, hypothéquer le bien de campagne, les orangers hérités de famille et les champs de roses. Et, à présent que ce but, auquel ils avaient sacrifié tout, était manqué pour jamais, ils ne voyaient plus, dans leur impuissance matérielle à pousser leur fils vers d'autres études, non, vraiment ils ne voyaient plus rien... Tout leur paraissait brisé et fini. Des présages d'irrémédiable deuil flottaient devant leurs yeux, et sans bien s'expliquer pourquoi, ils jugeaient leur Jean comme perdu. Et, pendant leur long silence, il leur semblait même qu'un souffle de mort, d'émiettement et de dispersion, passait sur leur pauvre chère demeure, si péniblement conservée...

Maintenant, voici qu'il arrivait, lui, d'un pas de flânerie insouciante et gaie, ayant à sa boutonnière une rose que venait de lui donner une jolie fille amoureuse.

— Oh ! monsieur Jean, dit Miette, dans le corridor... entrez donc vite,... montez donc les voir, vos pauvres parents, qui sont là-haut à vous attendre...

— Quoi ? Qu'est-ce qu'il y a ? répondit-il, l'air dégagé et faisant son grand homme indifférent.

A la figure bouleversée de Miette, il avait tout compris.

Il entra, dans ce petit salon modeste où en effet ils l'attendaient et où, sans échanger une parole, ils l'avaient écouté monter. Il s'avança, avec l'attitude embarrassée d'un écolier en faute légère, détournant à demi la tête, ayant même un imperceptible sourire de bravade enfantine au coin de ses yeux de velours.

Leur profonde détresse, il ne la vit point. Quant à lui, il ne se sentait ni atterré ni surpris, car depuis longtemps il n'espérait plus, sachant mieux que personne qu'il avait flâné jusqu'à la dernière heure — et très mal passé son examen oral. Au collège mariste, ils étaient cinq ou six grands enfants comme lui qui, en présence de l'échec probable, avaient fait ensemble le serment de s'engager dans la flotte. Le col bleu ne les effrayait pas, ceux-là ; au contraire, il les attirait et les charmait — comme tant d'autres qui n'entrent dans la marine que pour la joie d'en porter le costume. Et, pendant ce mois de vacances, il avait eu le temps de faire son plan d'avenir, qui était presque raisonnable, et d'y accoutumer son esprit : matelot d'abord, ensuite capitaine au long cours ; ainsi, ce serait encore la marine, avec plus d'imprévu même et peut-être plus d'aventures.

— Baste ! — répondit-il, sans regarder ce journal que lui tendait la main tremblante de son grand-père, — qu'est-ce ça me fait, le *Borda*, puisque je serai marin tout de même !

Marin tout de même ! Alors, matelot, ce que sa mère redoutait le plus au monde ! Et il disait cela avec le calme des résolutions obstinées que rien ne change plus — et c'était là tout le secret de sa tranquille insouciance qu'elle n'avait pas su pénétrer plus tôt. Au milieu de leur silence d'accablement, cette phrase d'enfant venait de résumer et d'exprimer les choses sombres qui flottaient dans l'air, les présages de déchéance, de malheur et de mort

Il les regardait maintenant tous deux, ce qu'il n'avait pas osé faire en entrant. Il les regardait, d'un air décidé encore, mais très doux, de plus en plus doux, avec une nuance de tristesse qui allait s'accentuant. C'est que tout à coup une lumière se faisait dans son esprit distrait et rieur ; les sacrifices qu'on lui avait cachés, voici qu'il les devinait pour la première fois, les embarras et les muettes privations ; son amour pour eux s'augmentait d'un sentiment nouveau, qui était une immense pitié attendrie, — et, en remarquant des traces d'usure qui luisaient sur la redingote toujours si soigneusement brossée de son grand-père, il se sentit vaincu comme par une prière suprême. En ce moment, si sa mère avait su lui demander grâce, il aurait renoncé à tous ses jeunes rêves, consenti à tout ce qu'ils auraient voulu, en les embrassant et en pleurant à chaudes larmes.

Mais elle ne le comprit pas ; blessée dans son orgueil maternel, doutant de lui et de son cœur, atteinte dans tout, elle lui parla durement, à cette minute décisive où il l'aimait avec une tendresse infinie. Alors il se fit dur, lui aussi ; les yeux du petit ange de la Fête-Dieu, qui avaient reparu tout à l'heure avec toute leur limpidité douce, devinrent fixes et troubles, — et il se retira sans une parole, sa résolution inébranlable à présent pour jamais.

En bas, en passant, il s'arrêta devant Miette, la voyant angoissée et craintive :

— Ne te fais pas de chagrin, toi, ma Miette. Ça n'est pas une affaire, va ! Il n'en manque pas d'autres moyens pour entrer dans la marine...

— Comment cela ? demanda-t-elle, tout de suite attentive et crédule. Je me figurais que c'était fini, moi, monsieur Jean...

Alors il entra à la cuisine et s'assit pour lui exposer ses projets. Mécontent de lui-même, dans le fond, et le cœur serré d'une tristesse jusque-là inconnue, n'ayant pas le courage de sortir et ne voulant pas non plus remonter les trouver là-haut, il resta longtemps près d'elle :

— Quand j'aurai fini mon service de matelot, lui contait-il, tu comprends, j'entrerai dans les capitaines au long cours; j'arriverai même bien plus vite à commander des navires; pour moi, j'aime autant ça, je t'assure...

Et, voyant qu'elle le regardait avec des yeux pleins de larmes, il l'embrassa, la pauvre humble Miette.

V

Octobre finissait, au tranquille soleil.

La maison des Berny, éclairée chaque jour par une lumière immuablement pure, sous un ciel bleu toujours pareil, restait morne, depuis que la grande déception y était entrée.

Un trousseau rude, dont on parlait en baissant la voix et qu'on ne montrait point, se confectionnait, avec l'aide de Miette, dans la petite salle à manger aux fenêtres donnant sur la mer : chemises de grosse toile, pantalons et vareuses de bure.

Les autres Berny, les oncles et les cousins riches, avaient été informés par le grand-père de Jean, avec un détachement mal joué, de la décision suivante : « Oui, nous allons le faire un peu naviguer au commerce, afin de lui permettre d'accomplir le plus tôt possible ses cinq années de mer, puisqu'il veut à tout prix être capitaine au long cours. Il changera peut-être d'avis, notre cher enfant, après avoir subi cette épreuve ; alors nous serions heureux de le diriger vers une autre carrière. Mais c'est pour le moment une vocation si arrêtée que nous n'avons pas cru, sa mère et moi, devoir le contrarier. » Et ces autres Berny, alors, plus que jamais protecteurs et croyant peu à cet avenir de capitaine qui demande du travail, s'informaient du navire sur lequel il allait s'embarquer.

Oh ! mon Dieu, c'était un très modeste petit bateau du petit port d'Antibes, — ce qu'on avait trouvé de mieux pour lui permettre de revenir de temps en temps au logis, — un brick, qui chargeait pour les îles du Levant des jarres de terre cuite fabriquées à Vallauris...

En plus de sa désespérance, il souffrait cruellement dans son orgueil de grand-père, le pauvre vieil homme cravaté de blanc. Depuis tantôt vingt années, sa fille Henriette n'avait pu, à cause de la modicité de sa fortune, se faire complètement admettre par cette famille Berny, dans laquelle elle était entrée par un mariage. Dès qu'elle s'était trouvée veuve, réduite à ses propres ressources, il avait commencé d'endurer sans plainte un constant martyre de privations cachées, pour l'aider à garder les apparences d'une dame, à ne pas renvoyer Miette, à ne pas vendre sa maison, et surtout à faire instruire Jean chez les Maristes de Grasse. Et voici que ce petit-fils, ce Jean qu'il adorait quand même et peut-être plus tendrement que jamais, lui causait, sur la fin de sa vie sacrifiée, cette humiliation suprême : il allait être matelot tout simplement — mousse « au commerce », ainsi que l'enfant du dernier portefaix ou pêcheur du port. Alors, à quoi bon continuer la lutte vaine, l'existence de chaque jour, à quoi bon tout ?.. A présent qu'il avait rempli ce devoir de convenance d'aller annoncer aux différents membres de la famille Berny la décision prise, il lui semblait n'avoir plus de but, ni d'utilité dans ce monde; il eût désiré rester au logis, dans sa vieille chambre nue, triste et fanée, s'y asseoir ou s'y coucher, pour attendre la fin...

Cependant c'était dimanche soir, jour traditionnel de dîner chez sa fille ; alors il se dit qu'il allait faire sa toilette pour s'y rendre, — d'autant plus que ce dimanche devait être le dernier, avant le départ de Jean.

Il se sentait vieux, fatigué, cassé, comme jamais. Et quand, avant de sortir dans ces rues où les passants le saluaient déjà moins bas, il se mit, par habitude, à brosser lui-même sa pauvre redingote noire jamais renouvelée, un découragement le prit, de cela comme de tout le reste ; dans le sentiment de la déchéance de son petit-fils unique, sa tenue même, — sa tenue si opiniâtrement soignée malgré la misère et l'usure, — aujourd'hui ne lui importait plus. Et des larmes parurent, au bord de ses yeux plus éteints, — de ces larmes de vieillard qui sont particulièrement amères, et lentes à couler du fond de leur source tarie...

Jean, lui, tous les jours flânait et songeait, avec une vague tristesse, visible pour la première fois — dans ses yeux un peu perdus par instants et dans son allure un peu ralentie. Il sortait beaucoup moins que jadis et le port ne l'attirait plus, à présent qu'il avait la certitude d'être bientôt l'un de ces marins qu'emportent au loin les navires. Çà et là, dans la maison, il s'attardait à regarder et à penser. Ou bien il allait seul au vieux domaine de campagne ; dans le jardin à l'abandon, envahi par la poussée des chrysanthèmes et des astères d'automne, il demeurait enfermé, des heures, entre les murs gris peuplés de lézards, tandis que les oranges jaunissaient au soleil d'octobre. Avec l'été, allait finir son enfance ; avec la splendeur de ce soleil, déjà déclinant et mélancolique, allait s'enfuir son passé d'insouciance heureuse ; et il sentait cela douloureusement, avec une impression inconnue de regret et d'effroi...

En cette attente de départ son esprit ne se fixait à rien de suivi ni de précis, mais flottait de plus en plus dans le rêve des lointains. Il lisait aussi, pendant ses longues flâneries prêtes à finir, — et le choix des livres ou plutôt des passages de livres, qui avaient, à l'exclusion dédaigneuse de tous les autres, le pouvoir de le charmer, indiquait, comme d'ailleurs son profil pur et ses longs yeux, de diffuses hérédités orientales. Il était un mélange d'irréductible enfantillage, d'exubérance physique, de simplicité rude — et d'inconsciente et insondable poésie. Au hasard de ses lectures, il avait rencontré, avec une impression de ressouvenir, quelques-uns de ces fragments visionnaires, sur l'Orient mort, qui sont devenus de classiques splendeurs, et il les relisait, dans le silence et l'ensoleillement du jardin, en frissonnant chaque fois devant le mystère qu'ils évoquent...

« *C'était un soir des vieux âges. La mort de l'Astre Souryâ, phénix du monde, arrachait des myriades de pierreries aux dômes d'or de Bénarès...* »

Des mots le berçaient d'une façon étrange; rien que des consonances, de *là-bas* et d'*autrefois*, retrouvées dans un nom propre, le grisaient tristement comme un parfum de sarcophage ..

« *Égypte, Égypte ! tes grands Dieux immobiles ont les épaules blanchies par la fiente des oiseaux, et le vent qui passe promène dans le désert la cendre de tes morts...* »

Et là, dans cet enclos héréditaire, sous les orangers qui se doraient au dernier soleil, au milieu des chrysanthèmes, des astères violets, de toutes les hautes plantes déjà étiolées par l'automne, il pensait à ces ports des îles du Levant qu'il allait bientôt voir, et à l'Égypte aux déserts de sable rose, et à l'Inde millénaire...

Et ce germe de rêve déposé au fond de son âme dès l'ombre originelle, puis développé ensuite au début de sa vie par une instruction première, même inégale et incomplète, devait persister, croître en étendue et en profondeur, malgré les milieux dépressifs, malgré les ambiances grossières, — et tenir une grande place cachée dans l'homme et le matelot qu'il allait devenir.

VI

Leur dernier dîner du dimanche soir fut silencieux, — servi, comme de tout temps, avec les mêmes plats traditionnels, par Miette qui ne disait mot, le cœur serré, elle aussi, et les larmes prêtes.

Jean s'y sentait, tout le temps, obsédé par le souvenir de certain dîner de Pâques, qui avait marqué dans sa vie d'enfant comme une sorte d'étape, mystérieusement auréolée après coup dans le lointain de la route parcourue... Le premier costume d'homme et le petit feutre marron ; les premières transparences douces, les premiers mirages du printemps, entrevus par les fenêtres ouvertes ; une impression de commencement rose et de fraîche aurore, se dégageant de tout... Cette fois, au contraire, je ne sais quel avant-goût prématuré de fin et de grand soir, joint à cette sensation physique d'hiver, que donnaient le temps refroidi et la tombée plus hâtive de la nuit...

Quand, après le dessert de raisins d'automne, il se leva, sans entrain du reste et sans hâte, pour aller comme d'habitude se promener par les rues, son grand-père lui dit :

— Reste, mon enfant, je te prie ; nous avons à te parler.

Il demeura debout, tête baissée, subitement plus assombri, s'apprêtant à la défense, craignant quelque tentative pour le faire renoncer à la mer, quelque pression de la dernière heure... peut-être pour le décider à entrer chez l'oncle aux parfums.

Mais le grand-père continua, d'une voix morne et résignée, prononçant lentement des choses inattendues qui, une à une, lui entraient en plein cœur :

— Mon enfant, tu deviens un homme, et il m'a paru qu'il était temps de te rendre mes comptes terrestres, afin que tu saches dès maintenant que tu n'as plus d'autre appui que toi-même.

» Mon enfant... ta mère et moi, nous n'avons plus rien, presque plus rien...

» Pour te maintenir chez les Maristes, nous avons cru bien faire en empruntant des sommes assez importantes... qui sont malheureusement hypothéquées sur notre vieux domaine de Carigou. Tant que je vivrai, avec ma pension de retraite, dont tu sais le chiffre, nous pourrons peut-être... grâce à l'économie constante de ta mère et de la brave fille que voici... nous pourrons peut-être conserver notre chère maison... à laquelle tu tiens autant que nous... Mais après ?... »

Sa voix, de plus en plus entrecoupée, avait un chevrotement de vieillesse que Jean ne connaissait pas encore et qui lui faisait mal à entendre. Et quand il eut fini sa dernière phrase : « Dieu veuille, mon fils, Dieu veuille que je vive jusqu'au jour où tu pourras gagner ta vie... et celle de ta mère... Car, l'idée de la voir travailler... m'est affreusement pénible, vois-tu... » Quand il eut fini, de petits mouvements saccadés agitèrent ses épaules, sous le drap usé de sa pauvre redingote du dimanche, et ses yeux de quatre-vingts ans grimacèrent la détresse infinie...

Alors, tout le calme éteint de cette soirée, silence absolu ou bruit affaibli et traînant de voix de vieillard, fut déchiré par un brusque sanglot, violent, juvénile, exubérant de douleur et de pitié. Jean pleurait, la poitrine secouée, les joues ruisselantes de toutes les larmes qui, depuis des jours, s'étaient amassées en lui-même sans qu'il en eût conscience.

Oh ! il avait bien déjà soupçonné l'humiliation du pauvre vieux grand-père, déjà deviné la gêne croissante de la maison pourtant si décemment tenue... Mais ça, non... C'était trop, ça dépassait tout ce qu'il avait imaginé de possible : n'avoir plus rien ; le vieux domaine et le logis, vendus à des étrangers, — et sa mère travaillant pour vivre !

Par degrés, tandis que le grand-père parlait de sa voix vieillie, ces choses cruelles avaient pénétré dans son âme, si souvent inattentive et fuyante, et l'avaient déchirée cette fois jusqu'au fond... Alors il se jeta dans leurs bras, pleurant à chaudes larmes comme les enfants pleurent, pris d'un immense besoin de les embrasser et de les consoler, — de leur demander protection aussi, protection et conseil devant le désastre.

Mais sa mère ne pleurait pas ; elle le gardait serré contre elle-même, pour le moment oubliant tout et ne demandant rien de plus que de le tenir là. Le malentendu, la barrière froide qui, depuis tantôt deux mois, les séparait, n'existait plus, et le reste s'effaçait entièrement devant cette joie de le retrouver, de lui pardonner, de se sentir aimée de lui.

D'ailleurs, plus plébéienne que son père, par suite de croisements sans doute, d'hérédités ancestrales inconnues, voici qu'elle se sentait soudainement la plus vaillante, la plus calme et décidée, devant la déchéance probable : s'il fallait travailler, eh bien ! elle travaillerait ; elle quitterait le pays, voilà tout, et suivrait son Jean où il faudrait le suivre ; matelot ou officier, ce serait toujours lui, son unique, sa joie, sa vie, et elle n'avait plus rien à désirer au monde quand elle le tenait embrassé, sur ses genoux.

VII

De l'apaisement et un peu d'espoir étaient revenus à la maison depuis cette soirée. Après tout, en présence de cette impossibilité de lui faire reprendre d'autres études, son plan d'avenir était un des plus acceptables, et les années de matelot passeraient, s'oublieraient vite.

Il calculait, lui : dans deux ans, je m'engagerai dans la Flotte ; trois ans après, je puis être reçu capitaine au long cours ; dans cinq ans je gagnerai ma vie et je leur viendrai en aide à tous deux ; la joie rentrera chez nous et tout sera oublié. Plein de bonnes résolutions de travail et de sagesse, il avait repris sa gaîté imprévoyante, ses enfantillages et son rire.

Du reste, il ne sortait plus jamais qu'avec eux. Ces derniers soirs, tous trois se promenaient ensemble, bien corrects dans leurs plus beaux habits, comme pour protester, par leur tenue, aux yeux des gens qui les voyaient passer : le vieux grand-père, de nouveau bien droit, soigné et brossé ; Jean, vêtu de son élégant costume anglais, que bientôt il ne porterait plus, bien ganté et donnant le bras à sa mère, comme un grand jeune homme sérieux.

VIII

. . . .

Aux premières brumes de novembre, le brick fuyait, tout penché sous l'effort de ses voiles. Un bruit monotone et doux le suivait, — comme un bruit de frôlement de soie, de froissement de moire, — moins un bruit qu'une forme particulière de silence bruissant...

Antibes s'abaissait dans le lointain, devenait comme une tache d'ocre, de minute en minute amoindrie, au pied des Alpes pâles et neigeuses, qui, au contraire, montaient, devenaient toujours plus immenses et plus confuses, dans le ciel éteint.

Lui, matelot depuis deux heures, en grosse

vareuse de laine, se tenait sur le pont du brick, penché, les yeux agrandis par le nouveau de tout cela ; inquiet de cette solitude avec des inconnus, sur ces planches animées qui s'éloignaient du monde ; inquiet de cette mélancolie de néant qui surgissait peu à peu de partout, de plus en plus morne et souveraine.

Les autres de l'équipage étaient là aussi, regardant comme lui, mais dans un sentiment de rêve plus trouble et moins vaste, s'enfuir cette terre où ils venaient de faire une halte relativement longue, déshabituante des fatigues et des continences du large. Ils étaient six, ces nouveaux compagnons de Jean ; un Maltais, noir comme un Arabe, en haillons, poitrine nue au froid du soir ; deux grands diables de provençaux ; un Bordelais rouleur, — et un déserteur de la marine de guerre qui, sur les rades françaises, ne se montrait pas. Tous, ayant pris leurs rudes costumes de mer qui les changeaient, — leurs visages de résignation et de passivité.

A l'arrière, tandis qu'ils flânaient, apparut le capitaine, sorte de colosse à figure éteinte, d'hercule grisonnant, farouche et grave, avec des yeux désintéressés de tout, inexpressifs et sans vie. Il commanda une manœuvre d'une voix rauque, avec des mots inconnus, et comme Jean, encore novice, ne sachant où aller, souriait, s'amusant de cette nouveauté comme d'un jeu, il s'entendit rappeler au travail d'un mot bref et dur. Alors il regarda ce capitaine, et son sourire se glaça : l'homme lui apparaissait trop différent de celui qui l'avait accueilli tout à l'heure à Antibes avec un ton de déférence polie, quand sa mère soigneusement vêtue et son grand-père cravaté de blanc étaient venus le conduire à bord.

Alors il s'assombrit lui aussi, le novice Jean, comprenant qu'il était l'égal ou l'inférieur de ces autres matelots avec lesquels il allait vivre, — et qu'il ne s'agissait plus que d'obéir. En une fois, il eut le sentiment complet de sa déchéance ; en un seul coup, là, dans la nuit tombante, il sentit s'abattre sur lui le joug de fer...

IX

Des jours suivirent, âpres et pareils, des jours dont on ne savait plus le nom ni la date, formant des semaines et des mois que l'on ne comptait plus ; un temps qui semblait très long dans le présent et très rapide dans le passé.

Tantôt la solitude de la mer, tantôt des escales en des points perdus de la côte de Corse ou d'Italie ; les jarres de Vallauris, qui n'étaient qu'un prétexte, avaient été déposées à Livourne ; il y avait de brusques départs de nuit, des agissements mystérieux sur lesquels on n'osait interroger. Dans la main de cet homme qui commandait, on se sentait réduit à la muette obéissance.

Pendant ces relâches furtives, on devait, sans un murmure, faire métier de manœuvre, sur des plages qui n'avaient pas de port ; il fallait, pieds nus dans l'eau marine, sur du sable ou sur des rochers qui blessaient, porter de lourdes charges, des sacs, des ballots dont on ignorait le contenu. Mais, dans les lieux sauvages où cela se passait, Jean acceptait tout, sans humiliation parce qu'il n'y avait pas de témoins ; il sentait d'ailleurs que ce métier, comme tous les métiers violents, dangereux, et de peu de profit, avait son côté de grandeur. Et puis, il se laissait prendre par la pleine vie physique, qui fatigue et fortifie le corps, en endormant l'esprit. Les soirs seulement, à la tombée des nuits, au large ou dans les baies isolées, revenaient, un peu déchirants, — ses souvenirs...

Par tous les temps, le rude petit bateau contrebandier, déjà vieux et meurtri, marchait quand même, battu par les lames courtes et dures, par le mistral glacé qui brûlait les visages. « C'est mon seul gagne-pain, — avait dit une fois le capitaine, de sa voix grise, — et j'ai cinq enfants là-bas ! — Qu'il marche ou qu'il crève ! » C'était pour Jean, cette réflexion explicative, la seule qu'on eût jamais entendue sortir de sa bouche; il commençait à témoigner pour son nouveau matelot une sorte d'attention bienveillante, dont celui-ci était fier.

De loin en loin seulement, à cause de l'imprévu de ces voyages, Jean recevait des lettres d'Antibes : sous la même enveloppe, les deux chères écritures, celle de sa mère et celle, toujours plus tremblée, de son vieux grand-père au déclin de la vie. Il les conservait comme des reliques sacrées, dans une boîte au fond de sa très petite armoire humide. C'était tout ce qui lui était précieux à bord de ce navire où il vivait avec la même rudesse et la même pauvreté que le dernier des matelots.

Quelquefois, par hasard, on avait un jour de repos ; il fallait subir la tristesse d'un dimanche, dans quelque village isolé, dans quelque baie perdue. Alors Jean, pour aller se promener, remettait son costume d'élégant, qui avait pris une mine fanée pour être resté longtemps plié dans l'humidité, et qui n'allait plus, qui devenait trop étroit pour ses épaules élargies. Il se promenait seul, redevenu, pour quelques heures, l'enfant d'autrefois aux longues flâneries et aux vagues pensées profondes. Il marchait devant lui sans but, observant, en rêveur qu'il était, les choses inconnues, échangeant des regards avec des filles, brunes ou blondes, ébauchant de très vagues amours qui, dans de tels villages, ne menaient à rien, mais le troublaient. Il préférait le travail, les fatigues du large à ces jours de répit et de songerie, où lui apparaissait trop clairement sa destinée... Étapes bien courtes d'ailleurs, bien rares, — et puis si vite oubliées, effacées, laissant à peine après elles les images de ces yeux de jeunes filles qui, pendant quelques soirs, revenaient, à l'instant où commençait le sommeil...

Autrement, c'était toujours la mer, la mer quand même et par n'importe quel temps, la lutte contre le mistral glacé, contre les lames et leur écume blanche.

X

Ainsi avait passé tout l'hiver.

Une étape délicieuse, presque une étape d'enchantement, fut au mois de mai, dans l'île de Rhodes.

Juste comme finissaient les mauvais temps, si longs cette année-là, leur pauvre bateau, fatigué et surmené, était entré au port de Khandjiotos. Et le changement en latitude, la descente vers le lumineux midi, dont l'effet est déjà un trouble souverain, coïncidaient avec l'arrivée brusque du printemps, du printemps oriental ; c'était pour augmenter encore, aux yeux de Jean, la magie de ce Levant tout nouveau, — désiré, rêvé là-bas sous les orangers du vieux jardin d'Antibes, et apparu subitement, dans sa plus tranquille et morne splendeur.

Pour des réparations, on devait rester un mois dans ce port, presque le temps de s'y acclimater — et d'y aimer aussi.

Le premier jour, on avait ouvert les panneaux, les armoires humides ; à la brise tiède, on avait tendu les choses mouillées : il semblait que le bateau lui-même fût tout à la sensation d'être là, de se reposer et de se sécher à ce soleil.

Oh ! la première soirée qui survint, si limpide et si tranquille, imprégnée de telles senteurs étrangères ! — Jean était de garde, obligé de ne pas s'éloigner du navire ; mais, le travail fini, il sauta à terre et il s'assit, presque couché, sur ce quai en ruine qui allait lui être familier bientôt. Avec une volupté infiniment triste, il assistait, sous ce costume si humble qui était devenu le sien, à l'accomplissement de son rêve d'enfance ; il regardait ce ciel tout doré et cette ville dont l'immobilité morte s'enveloppait d'or ; l'Orient se révélait à lui, plus oriental et plus lointain qu'il ne l'avait imaginé, dans l'ensemble des choses ou dans leurs mille détails, — surtout dans le mystère de ces grands murs farouches enfermant la vie si impénétrablement...

Et tandis qu'il était là seul, une jeune fille parut, — grecque ou syrienne non voilée, — en qui tout à coup cet Orient se personnifia pour lui. Extrêmement jeune, avec des yeux lourds, d'un noir intense, et des cheveux au henné, d'une ardente couleur pas naturelle. Un peu indécise dans sa marche, ayant aperçu le matelot étendu à terre, elle biaisa vers le navire, prit le bord des vieilles dalles du quai pour passer plus près. Ses longs yeux d'une couleur de ténèbres, à demi fermés entre leurs franges sombres, à demi cachés sous les mèches rousses échappées de sa coiffure à paillettes, regardèrent avec attention les yeux bleus très ouverts de Jean et ses cheveux noirs... Elle sourit et puis passa, s'éloignant comme elle était venue, lente, d'une allure balancée, où ses hanches se devinaient souples et libres sous son costume.

XI

Elle venait maintenant chaque soir, à l'heure du beau crépuscule d'or, et tout le jour Jean ne pensait guère qu'à sa venue. Le travail fini, vite, à grande eau fraîche il faisait sa toilette, arrangeait avec coquetterie son béret de laine sur ses cheveux courts, et puis, très leste, sautait sur les pierres du quai pour l'attendre, en fumant sa cigarette turque. Et tout à coup, elle apparaissait là-haut, au bout d'un sentier raide, à un tournant des murailles désolées. Elle arrivait, descendant des quartiers vieux, regardant derrière elle comme par inquiétude d'être suivie ; à pas lents, elle s'approchait, à la fois candide et hardie, inconsciente du mal qu'il peut y avoir à aimer.

Jean ne bougeait pas, mais attendait qu'elle passât. Avec un sourire, elle s'arrêtait, lui donnait quelque fleur, un brin d'oranger, ou la rose commune d'Orient, si odorante ; parfois lui disait deux ou trois mots, dans un demi-français *sabir :* combien de temps resterait-il à Khandjiotos ? où irait-il après ?... Et puis, comme un peu moqueuse, elle continuait sa route, faisant de grands signes de refus, d'indignation ou de prière, quand il voulait la suivre.

Lui, n'était jamais libre que le soir, et, naturellement, sitôt la nuit tombée, la ville, étant turque, devenait noire et impénétrable. Alors comment faire ?

Non seulement elle incarnait pour lui le charme et le trouble délicieux de ce pays ; mais il semblait même que ses fuyantes apparitions, ses courts sourires, fussent les symboles de tout l'irréalisé et de tout l'éphémère dont la vie de Jean devait être composée.

XII

Quinze jours de plus. — A présent ils se donnaient des rendez-vous, une demi-heure après qu'elle avait passé, dans un lieu écarté, presque à la nuit. Elle se laissait prendre des baisers et les lui rendait pareils ; mais c'était tout, et vite elle s'échappait, derrière les grands murs, menaçant de ne plus revenir. Et lui, comprenant l'impossibilité de la rechercher si elle ne voulait plus, craignant de la perdre, chaque soir la laissait aller... « Si tu devais rester ici, alors, oui !... disait-elle... Ou si seulement tu devais revenir... » — Revenir, mais il ne savait rien lui-même de ses lendemains ; pauvre novice d'un humble bateau de commerce, sans liberté, sans argent, quels projets pouvait-il bien faire ? A la merci absolue de l'homme sombre qui commandait, il ne pouvait rien dire ni rien promettre. Alors il devait se contenter de ce que la fille blonde voulait bien donner...

Et quand la nuit devenait plus noire, les autres marins du bord l'emmenaient dans un bouge où des femmes grecques, encore belles, lui laissaient prendre plus que des baisers.

XIII

Le resplendissement de juin commençait et le départ était très proche. Encore trois soirs, quatre soirs peut-être, au rendez-vous ; ensuite ce serait fini et sans doute pour toujours. En songeant à cette fin, en se disant que la joie de cette possession resterait à jamais inéprouvée, il sentait en lui cette sorte de tristesse insondable qui est amalgamée, d'une si inquiétante manière, à des choses physiques. Et l'Orient, que cette fille personnifiait dans son imagination, jetait, sur ces regrets de la chair, sa poésie immense...

Mais une lettre d'Antibes survint, pour tout dissiper et tout changer.

L'écriture de sa mère seule. Le cher vieux grand-père, très malade, disait-elle. — Et à la façon dont elle s'exprimait comme pour le *préparer*, il comprit que c'était affreusement grave, — sans doute plus irrémédiable et plus définitif encore que le départ de Rhodes. — Alors, au souvenir du pauvre vieil homme à la redingote noire et à la cravate blanche, son cœur se déchira ; il eut l'impression plus que jamais poignante de tout ce qu'il lui avait fait souffrir, des déceptions suprêmes qu'il lui avait causées à l'heure de la fin. Et il s'épouvanta de la grande distance, des lenteurs du retour à la voile, des plans cachés de ce capitaine qui peut-être voudrait s'arrêter en route ; il sentit l'angoisse d'être si peu de chose, d'être sans argent pour revenir par ces voies rapides qui apportaient des lettres, de ne pouvoir même pas hâter son retour vers celui qui allait peut-être mourir.

Et cet Orient, qui le charmait, tout à coup lui parut oppressant, mortel comme une immobile enveloppe d'or. Maintenant elle lui était indifférente et presque ennemie, la belle fille qui descendrait ce soir pour lui de la ville murée, — et ils seraient sans sourires, mauvais et troublés de remords, les baisers qu'il n'aurait pas le courage de ne plus lui donner.

Jusqu'à ce moment, la possibilité de le perdre, ce grand-père, ne s'était jamais présentée à son esprit, — comme il arrive pour les enfants qui n'ont pas encore vu la mort frapper tout près d'eux ; il n'avait pas réfléchi qu'il était très âgé, le voyant toujours droit, toujours pareil, l'ayant toujours connu ainsi. Son existence lui paraissait quelque chose d'immuable, de même qu'il considérait la maison d'Antibes comme un nid tout à fait à lui, ne pouvant point lui être arraché...

XIV

A Antibes, il arriva en juillet suivant, n'ayant reçu en route aucune lettre.

Le taciturne capitaine, qui l'avait pris en amitié, lui permit de descendre à terre aussitôt, sans s'occuper de rien. Et, dans son pauvre costume toujours le même, bien brossé, mais jauni et trop étroit, il traversa la ville, avec une sorte d'humilité toute nouvelle en lui, ne regardant personne, indifférent à sa tenue défraîchie et à son aspect de presque misère.

Antibes était accablé de soleil et de silence. Vite, vite, Jean courait à la maison, sentant ses jambes fléchir de hâte et d'impatience, ayant un tremblement qu'aucun retour ne lui avait causé.

La porte de chez lui était entr'ouverte, et voilée

du traditionnel rideau de mousseline pour empêcher les mouches de passer. Miette se tenait là, dans le corridor frais, qui dit : « Ah ! monsieur Jean !... » sur un ton qui lui glaça le cœur, — un ton qui lui rappelait tout à coup la manière dont elle l'avait accueilli le jour de son refus à l'École navale.

— Grand-père ?... — demanda-t-il, à voix basse et suppliante, redevenu de dix années plus jeune, presque petit enfant. — Où est grand-père ?

Au gémissement qui lui répondit, il comprit tout... Sa mère descendait, l'ayant entendu ; ils se rencontrèrent dans l'escalier et se tinrent embrassés longuement, — et elle pleurait, sans rien lui dire, voyant bien qu'il avait déjà interrogé Miette, et qu'il savait...

La tête bruissante comme après un grand choc, il entra avec sa mère dans leur petit salon du premier étage. Un homme de vilain aspect était là, avec une redingote noire luisante, et, sur la table, des couverts d'argent s'étalaient, appareillés deux par deux :

— Eh bien, prenez-les à ce prix-là, monsieur, dit la mère, pressée à présent d'en finir avec un marchandage commencé.

Alors, tandis que Jean demeurait muet et glacé, l'homme posa des billets de banque sur le tapis, puis mit dans ses poches les couverts et les emporta, — leurs couverts de famille, ceux de leurs dîners d'autrefois, marqués au chiffre du grand-père...

Et dès qu'il fut parti, elle prit son fils par les deux mains :

— Eh ! oui, mon pauvre petit ! Ça et tout le reste, il faut vendre, et la maison et le jardin, tout, vois-tu, tout ce que nous possédions !... Sa pension m'aidait à vivre... Mais, à présent qu'il n'est plus là... je ne puis plus !

Elle parlait, un peu agitée comme une folle, paraissait presque distraite des choses cruelles qu'elle disait et qui pourtant lui avaient causé de longs désespoirs, — distraite par la présence de Jean, par la joie de l'avoir là, de le regarder, de l'admirer, grandi, fortifié et si beau...

Lui, se jeta dans les bras de sa mère, appuya la joue sur son épaule, comme se réfugiant là en un asile contre tant de malheurs, d'effondrements qui les accablaient.

XV

Trois mois d'été, sinistres, passés pour eux dans un terrible provisoire. De ces périodes pendant lesquelles on ne se met à rien, on n'a le courage de rien... A quoi bon même entretenir la pauvre chère maison qui allait leur être enlevée...

Les hommes d'affaires allaient et venaient. Elle avait tenté, à sa grande humiliation, des démarches auprès des autres Berny, pour être un peu aidée, pour essayer de garder le nid héréditaire. Mais ils trouvaient, ces cousins riches, que c'était une véritable folie, que ce serait assurer sa ruine plus complète, qu'il fallait vendre, régulariser, en finir... Et elle vendit.

Quand ce fut décidé irrévocablement, la marche des jours sembla se précipiter davantage, comme dans ces mauvais rêves où le temps n'a plus de durée.

Et, le soir où l'acte fut signé, quand ils se trouvèrent assis ensemble à la table de famille, leur dîner pauvre, servi encore par Miette, fut comme un repas de funérailles ; leur soirée, comme une veillée de mort.

Son plan, à elle, était maintenant fait dans sa tête : puisqu'il fallait que Jean, dont la dix-huitième année allait sonner, s'engageât comme matelot et qu'elle-même se mît à travailler, à vivre en ouvrière, alors le plus loin d'Antibes serait le mieux ; ils partiraient ensemble pour l'autre bout de la France ; elle irait se fixer avec lui dans un des ports de guerre du Nord. Toulon était bien trop près, elle y connaissait du monde. Et puis Jean devait passer au moins une année à Brest, sur le vaisseau-école des matelots ; donc, c'est là qu'ils iraient habiter ensemble tous deux, pour au moins cacher leur détresse.

En octobre, le nouveau propriétaire leur donna huit jours pour vider la maison et préparer leur grand départ. Aussitôt après, des tapissiers devaient venir, tout renouveler, tout changer ; rien de ce qu'avaient aimé les bannis, qui s'en allaient, n'était plus assez beau pour ces dédaigneux successeurs. Et ils se mirent à trier les pauvres choses auxquelles ils tenaient le plus. Mais voici qu'ils tenaient presque à tout; le sacrifice de chaque objet était un petit déchirement. Et cependant ils devaient se résoudre à emporter si peu !

Jean aidait sa mère, faisait des caisses pour « la petite vitesse » — et chaque matin, s'éveillait dans sa chambre d'enfant avec l'angoisse de se dire : « Encore un jour, qui m'approche de celui où je verrai ceci pour la dernière fois. » Et la maison se vidait peu à peu, la maison qu'on n'arrangeait plus et où traînait la paille des emballages. Et les aspects de tout se détruisaient, irréparablement.

Lui, emportait avec amour mille petites choses enfantines ; surtout, ses cahiers de collège, qui étaient encore remplis de ses rêves d'École navale — et puis, qui lui serviraient, plus tard, à travailler son examen de capitaine au long cours.

Sa seule sortie, chaque jour, était pour aller un peu errer dans le vieux domaine du Carigou, dont la clef leur avait été laissée encore, — dans le cher jardin, envahi d'herbes, qui prenait un air de cimetière abandonné. C'était la même saison, les mêmes belles journées de tranquille soleil que l'automne précédent, quand il venait là, seul comme aujourd'hui, poursuivre ses rêveries, également tristes, de départ pour les îles Levantines. Et il cueillait, afin de les emporter, séchées entre les pages de ses livres, des feuilles de certains arbustes, de certains rosiers...

XVI

— Jean! appelait-elle tristement tandis qu'elle vidait une armoire d'effets. Jean, viens voir ! Te souviens-tu de ceci ?

Et elle lui montrait une petite chemise en batiste blanche, taillée « à l'ange »...

D'abord, il ne se rappelait pas, non... c'était tellement loin... Mais tout à coup, si !..... Oh ! la robe de la Fête-Dieu...

Elle avait désiré la revoir avec lui encore une fois, avant de la jeter aux choses à détruire ou à vendre. Mais Jean voulut l'emporter, et on la mit, soigneusement pliée, dans une des malles qui partaient pour l'exil.

— Et ça ? dit-elle, montrant un petit chapeau brun, avec des rubans de velours qui pendaient...

Alors, il revit, dans un navrant lointain, certain soir de Pâques, certain dîner de printemps, à côté du vieux grand-père disparu... Et une tristesse infinie monta du fond de son âme, la plus désolée tristesse, la plus mystérieuse, en ses dessous d'abîme, que ce départ lui eût causée encore...

Oh ! se séparer de ce petit chapeau, non ; il fut décidé qu'on l'emporterait aussi à Brest, avec la robe d'ange qui tenait si peu de place.

La redingote du grand-père, sa canne à pomme d'argent, d'autres objets venus de lui, s'en allaient aussi. Pour des gens si pauvres, ils s'encombraient vraiment de beaucoup d'inutiles bagages.

XVII

Le dernier jour ! Et un jour si limpide, si trompeur dans sa joie ensoleillée, un incomparable beau jour du mois de novembre commençant.

Ils devaient partir dans la soirée, tard, par un train de nuit.

Lui, qui avait mille choses encore à emballer, à arranger, se hâtait pour trouver le temps, avant le coucher du soleil, d'aller rêver une heure dans son jardin du Carigou, — situé un peu loin de la ville.

Quand il y entra, dans ce jardin, c'était presque le soir ; des rayons, déjà tout rouges, passaient horizontalement au travers des branches, éclairaient le tronc des vieux arbres impassibles. Pour lui, elles s'ajoutaient l'une à l'autre, les mélancolies de toutes ces fins qui arrivaient ensemble : la mélancolie du soir, celle de l'automne — et celle, beaucoup plus profonde, du définitif départ...

L'attachement à des lieux, à des arbres, à des murs, peut prendre chez quelques-uns, surtout dans la prime jeunesse, une extrême puissance ; peut-être, en se figurant aimer et regretter tout cela, ne pleurent-ils que l'antérieur évanoui de leur propre durée, qui s'y reflétait pour eux... Il semblait à Jean que cette vente à des étrangers, cet enlèvement matériel, ne pourrait empêcher que l'essence, presque pensante, de ces choses, fût toujours à lui, jamais à ceux qui les avaient achetées... Et, qui sait, mon Dieu, si avant son commencement terrestre, d'autres, des inconnus, n'avaient pas déjà laissé un peu de leur âme aux mêmes places, et éprouvé des illusions pareilles...

Subitement, tout l'or qui rayait les branchages s'éteignit et il y eut comme un accroissement de silence ; le soleil était couché. Un froid inattendu tombait sur la terre, avec la nuit.

Il était plus que l'heure de rentrer. Jean promena sur les allées envahies d'herbes un regard pour leur dire adieu, et se décida à sortir. Bien lentement, en continuant de regarder, il referma l'antique portail, — avec l'impression d'un *jamais*, d'un *jamais* absolu et éternel...

Maintenant, leur dîner, où ils ne mangèrent pas ; dîner quelconque, servi par Miette qui pleurait, et éclairé par une bougie posée à même sur la table.

Et enfin, commença la lourde soirée d'attente. Tout était prêt ; plus rien à faire ; ils se retrouvèrent seuls, ayant froid, dans leur salon vide, démeublé à jamais des vieilles choses aimées. En silence ils attendirent, comme attendent les condamnés, la voiture qui devait venir les prendre.

De temps à autre, Jean s'en allait, une bougie à la main, faire dans la maison une sorte de ronde suprême, revoir encore une fois sa chambre. Il ne lui était même pas permis de se dire, en de beaux rêves d'enfant, qu'il rachèterait cela plus tard, puisque ces nouveaux venus, dédaigneux du modeste intérieur très soigné par sa mère, allaient demain tout détruire...

Vers dix heures, un roulement, dans la rue, sur

les pavés, bruit sinistre et sourd, d'abord dans le lointain... Jean avait été le premier à l'entendre...

Quand on fut bien sûr que c'était cela, qu'un omnibus s'était arrêté devant le seuil, il leur sembla qu'ils touchaient à une minute de mort, et instinctivement ils se prirent, la mère et le fils, dans les bras l'un de l'autre.

Ils descendirent; d'en bas, du corridor, leur venaient les sanglots de Miette. Derrière eux les portes, avec leurs plaintes, avec leurs chers grincements familiers entendus pour la dernière fois, se refermaient, aussi définitivement que des couvercles de tombeaux...

XVIII

A Brest, où ils arrivèrent un matin incolore, au lever du jour, ils furent saisis, glacés, — eux, les pauvres transfuges d'un pays de soleil, — par ce changement absolu de climat, qu'on sentait en toutes choses, par l'hiver qui était ici, par le morne et le gris qui régnaient partout.

Dans un petit hôtel modeste, ils se firent conduire, ayant ces airs craintifs des gens qui veulent dépenser très peu et pour qui les moindres pièces sont comptées. Lui d'ailleurs se laissait mener comme s'il fût redevenu petit enfant, sans volonté à présent tout à coup, doucement soumis, passif, et se sentant le cœur gonflé d'amer chagrin. Un peu distrait de temps à autre, cependant, par tout ce que présentait d'étrange à ses yeux cette ville de granit sombre, avec ses effroyables remparts, sa population maritime du Nord et son ciel de pluie ; se retournant dans les rues, pour regarder passer ces cols bleus pareils à celui qu'il porterait bientôt, — et, quelquefois, charmé anxieusement, au fond de lui-même, par tout cet inconnu de la vie qui était encore en avant de sa route.

Ils employèrent quelques jours à se choisir une demeure.

C'était si affligeant à voir, tout ce qu'on leur montrait dans les prix possibles !

Elle, plus aisément que lui, se faisait à l'idée de ce cadre tout à fait *peuple*, qui allait être, pour longtemps ou pour toujours, celui de sa vie déchue. Ses résistances, ses révoltes d'orgueil bourgeois étaient beaucoup tombées ; pourvu que cela fût ignoré des autres Berny, que cela se passât bien loin de leurs regards, elle se résignait sans trop d'amertume. Et puis, son Jean, qu'elle avait si complètement retrouvé, qui venait de tant se rapprocher d'elle, la consolait presque de tout, lu compensait presque tout.

Mais lui, qui, sans doute, tenait d'hérédité paternelle un sang plus affiné, lui au contraire se cabrait contre la visible misère. A bord, aucune rudesse des marins ou des choses marines ne rebutait son tempérament de matelot; mais, à terre, il éprouvait d'irréductibles dégoûts pour tout ce qui était trop laid ou trop banalement pauvre ; il souffrait cruellement de voir sa mère descendue ainsi dans sa mise, dans son installation, dans ses habitudes d'existence. Une volonté et un espoir lui venaient de la relever de là plus tard ; il ne consentait à accepter que passagèrement cette épreuve... Et, dans le fuyant lointain, dans l'irrévocable passé où elles venaient d'être plongées, la Provence, la chère maison de là-bas, rayonnaient pour lui, très lumineuses sur un fond d'ombre, comme éclairées d'une splendeur finissante de soir.

Enfin ils se décidèrent, — il fallait bien, car l'hôtel coûtait trop, — ils se décidèrent pour un logis au troisième étage dans la Grande-Rue, non loin du port. C'était triste, triste ; cela ouvrait sur une cour profonde et désolée. Une seule fenêtre regardait la rue ; on voyait de là, tout en bas, piétiner sur la boue des passants en sabots, qui, le dimanche, titubaient ; dans le lointain, apparaissait un peu de l'arsenal, et un coin de la caserne des matelots sur la colline de Recouvrance ; partout, de hautes et massives constructions de granit, aux nuances très foncées, luisantes de pluie.

Ils se disaient qu'ils changeraient plus tard, qu'ils tâcheraient de trouver mieux ailleurs. Ce fut d'abord comme provisoirement qu'ils s'installèrent, complétant, avec le plus d'économie possible, le peu du mobilier provençal qu'ils n'avaient pas eu le courage de vendre. Et, quand les caisses, venues par petite vitesse, furent montées et ouvertes ; quand les chers objets rapportés de là-bas commencèrent à reparaître, à la lumière grise d'ici, entre les murs du logis d'exil, Jean et sa mère, n'osant se regarder de peur d'éclater en sanglots, pleurèrent des larmes silencieuses et lentes, qui semblaient venir des tréfonds déchirés de leur cœur.

XIX

Encore deux mois passés. En plein hiver, maintenant.

Un dimanche, jour où les casernes sont vides et où les matelots sont dehors, dans tout ce gris sombre des basses rues de Brest, promenant l'insouciance de leur rire, l'éclat de leurs costumes galonnés de rouge et le bleu clair de leurs grands cols.

Un pâle soleil, sur les granits humides des murs. Un temps doux, comme il en fait souvent en janvier, à cette pointe de Bretagne que la mer entoure et attiédit.

Ils s'étaient accoudés ensemble, la mère et le fils, à cette fenêtre qui était la seule possible, la seule un peu attirante de leur nouvelle demeure, qui était l'œil du logis, l'œil unique ouvert sur le dehors. Elle très simple, plus simple que Jean ne l'aurait voulu, presque femme du peuple dans sa robe de grand deuil, — lui, matelot !... Lui, déjà habitué à son nouveau costume, portant, déjà, avec la désinvolture aisée qu'il faut, le large col très ouvert sur le cou bronzé. Un peu changé de visage, par exemple ; embelli peut-être, à cause de sa naissante barbe noire, qu'il avait laissée pousser à l'ordonnance sur le menton et sur les joues ; mais ayant gardé encore ses mêmes yeux d'enfant, à la fois ardents et rêveurs

Quand il était à la maison, Jean, et que le temps par hasard se faisait un peu beau, ils s'y tenaient souvent ensemble, à cette fenêtre, et commençaient presque à l'aimer.

Après le grand désastre et le grand arrachement qui les avaient anéantis tous deux comme une sorte de mort, voici que peu à peu, très lentement, dans la sphère différente et inférieure où ils venaient d'être jetés ainsi que des épaves, ils reprenaient vie, — lui, parce qu'il était très jeune ; elle, la mère, parce qu'elle était avec lui.

Et ce gîte, accepté d'abord avec dégoût et désespoir, voici qu'ils s'y faisaient ; l'idée d'en changer, pour le moment, ne leur venait plus.

D'ailleurs, elle avait accompli des miracles, pour tout arranger, nettoyer, embellir, raccommodant elle-même les vieux tristes papiers des murs, posant les modestes rideaux de mousseline qui jettent autour d'eux la gaîté blanche. Aux places les plus en vue, elle avait mis les quelques meubles rapportés d'Antibes, les flambeaux, les vases de leur cheminée de salon là-bas, et d'autres petites choses où s'accrochait leur souvenir.

Dans une armoire dormaient les reliques plus sacrées. La dernière redingote du grand-père, ses lunettes et sa canne à pomme d'argent ; et puis des livres lui ayant appartenu, des calepins, des cahiers couverts de son écriture vieillie. A côté, sur le même rayon, certains petits costumes particulièrement précieux, de l'enfance de Jean : sa robe d'ange à la Fête-Dieu, — et, dans un carton, enveloppé d'une gaze verte, le petit chapeau marron du jour de Pâques.

Lui-même, si inhabile jadis aux choses d'intérieur, était religieusement soigneux de ce pauvre petit ménage de mère et de fils, arrangeait, clouait, et se mettait volontiers en tricot de marin pour faire de grands nettoyages comme à bord. Ses fantaisies de coureur, pour l'instant, sommeillaient ; le remords les avait engourdies ; causer le moindre surcroît de peine à sa mère lui eût semblé odieux et révoltant ; il était tenu par le cœur et par la pitié tendre ; se sentant indépendant de fait, puisqu'il était matelot, il restait soumis volontairement, — ce qui était pour lui la seule façon possible de l'être, — et sa soumission lui semblait même facile et douce. Le soir, il rentrait tout droit de la caserne au logis, consacrant à sa mère toutes ses heures de liberté, ne sortant qu'en sa compagnie et toujours lui donnant le bras, avec un gentil air grave qu'elle ne lui avait encore jamais vu.

XX

L'été de l'année suivante.

Ils ne le détestaient plus, leur pauvre gîte, à présent qu'ils y avaient passé dix-huit mois ensemble. Cependant, la blessure du dépaysement demeurait en eux aussi profonde, et le regret de la chère maison héréditaire aussi inapaisé. La Provence se faisait toujours plus lointaine dans leur souvenir; mais aussi, de plus en plus, elle s'auréolait de couleurs d'or, comme les Édens perdus... Dans leur ménage, le moindre petit objet qui provenait *de la maison* était chose sacrée, que l'on touchait religieusement et qui éveillait des mélancolies subites, des battements douloureux dans le cœur.

Jean venait de finir son année d'embarquement

sur la *Bretagne*, — un grand vaisseau à voiles, mouillé au fond de la rade brumeuse, une école de matelots. La vie saine et rude que l'on mène là, tout le temps dans les grands souffles humides, dans les grands vents d'ouest si âpres à respirer, opère parmi les jeunes hommes, de trempe inégale, une sélection spartiate : élimine les faibles et fortifie les forts.

Jean y avait considérablement développé sa vigueur première. Il était du reste un matelot ponctuel, alerte, énergique, — en même temps que soumis et muet. La discipline de fer ne révoltait pas son indépendance native ; lui, si vite buté contre les pressions individuelles, acceptait ce joug spécial, qui n'est pas blessant par cela même qu'il est impersonnel et uniforme, et qui souvent vient à bout des plus indomptables.

Toujours prompt à la manœuvre, ne se trompant jamais dans le jeu infiniment compliqué des cordages, jamais ne faiblissant en service, il avait toutes les qualités du matelot sans reproche. En outre, il en avait acquis très vite le dandysme spécial : l'élégance dans la tenue réglementaire, la bonne façon de porter le bonnet à pompon rouge que l'on tend avec un cercle en baleine, la constante et irréprochable blancheur des épaisses toiles dont on s'habille.

Par exemple, il ne se livrait jamais à aucun **travail intellectuel**, se sentant, sous ce rapport, d'autant plus incapable d'application que son activité physique était plus grande. Chez lui, de la rudesse, de la sauvagerie acquises se superposaient, sans l'éteindre, aux germes de poésie et d'art déposés à l'origine et déjà développés par l'éducation de ses premières années, indestructibles à présent. De plus en plus, il devenait matelot, d'aspect et d'allures, tout en restant distingué, — deux choses d'ailleurs qui n'ont rien d'inconciliable ; c'est un privilège des gens de mer que les plus étonnantes libertés de désinvolture ou de langage puissent, chez quelques-uns, n'être jamais triviales, jamais communes, jamais *peuple*.

Donc, sous ces enveloppes nouvelles, il était resté celui qu'un mot du vieil Orient, ou qu'une phrase mystérieusement chantante, plongeaient dans le rêve infini, dans l'inquiétude des anéantissements ou dans l'obscure souvenance triste des origines... Avec cela, enfant, enfant toujours.

enfant dans son imprévoyance de l'avenir ; enfant même dans ses jeux, allant de temps à autre faire bande avec les plus naïfs et les plus jeunes, pour rire, en leur compagnie, à propos de n'importe quels riens saugrenus. Resté aussi celui qui, jadis, à Antibes, protégeait les mendiants de la rue, ou recueillait, dans ses poches, les petits chats jetés au ruisseau ; réservant, ses attentions et ses pitiés exquises pour les plus humbles du bord et les plus déshérités.

Par reprises, par boutades, il lui arrivait bien maintenant de s'abandonner à ses instincts de coureur, qui avaient d'abord sommeillé longtemps. Il se laissait, un beau soir, détourner de rentrer au logis par quelque gentille coiffe de mousseline bretonne, ou par quelque feutre à plumes rencontré sur le chemin, — puis ensuite, auprès de sa mère inquiète, s'excusait par un conte à dormir debout, mentant dans ces cas-là avec une facilité enfantine, dans la crainte de faire de la peine. Et, s'il était découvert, convaincu d'invention trompeuse, il baissait ses yeux rieurs, d'un air d'écolier en faute qui n'a guère de remords et qui recommencera.

Mais il demeurait, par ailleurs, si tendrement dévoué à sa mère, que celle-ci, dans son existence transplantée, se trouvait à présent presque heureuse.

Du reste, au petit ménage déchu, un peu d'aisance commençait à revenir, pour un si modeste train de vie. Les affaires de Provence une fois réglées, il restait à la veuve sept ou huit cents francs de rente annuelle, et après un courageux apprentissage, elle travaillait aujourd'hui à des broderies d'or, pour les officiers de marine.

Elle avait adopté une mise très simple, presque une mise d'ouvrière, malgré Jean qui s'occupait de ses robes, ne les trouvant jamais assez belles ; qui souffrait de la voir sortir avec des petits châles de tricot noir, — et qui toujours rêvait de lui rendre plus tard son rang d'autrefois. — Les voisines, les autres locataires de cette grande caserne de granit, suintante de pluie, où ils habitaient, avaient été tenues à l'écart pendant les premiers mois, puis peu à peu s'étaient rapprochées. Elles disaient : « Ce sont des gens qui ont été *bien de chez eux*, dans le temps ; » et, braves femmes au fond, elles n'en voulaient pas à ces étrangers de leur réserve des débuts.

Avec la famille de Provence, on avait échangé d'abord quelques lettres espacées. Mais les réponses de là-bas s'étaient faites de plus en plus tardives, de plus en plus protectrices pour cette veuve ruinée et ce fils en col bleu. Aussi laissaient-ils dormir leurs relations avec Antibes, — jusqu'à ce jour de rêve où Jean, reçu capitaine, reparaîtrait au pays la tête plus haute et y ramènerait sa mère... Et maintenant que la pauvre Miette, pour ne pas servir d'autres maîtres, s'en était allée mourir dans son village de montagnes, ils avaient l'impression bien claire de n'être plus que deux dans la vie, que deux isolés et reniés, ne comptant plus pour personne.

Alors, pour qui s'obstiner ainsi à conserver la tenue d'une dame? Vraiment, il lui venait à elle des découragements de cela, des velléités de tout à fait descendre. Et quand son Jean, plus fier, la retenait par une observation : « Eh bien, que veux-tu!... pour une mère de matelot!.. » lui répondait-elle, avec un accent presque amer qui rappelait les jours des reproches et des malentendus passés, — mais qu'elle atténuait tout de suite par un baiser et un bon sourire.

XXI

... Il allait déjà finir, ce second été passé à Brest.

Par un très beau soir, tous deux se tenaient accoudés à *leur* fenêtre, — c'est-à-dire à cette unique fenêtre sur la rue qui était celle de leur modeste et étroite salle à manger. — Là toujours, quand le vent d'ouest ne soufflait pas trop fort, ils passaient leurs meilleurs moments de repos et de causerie. — Dans la muraille, d'une épaisseur de rempart, l'appui pour les coudes était très large, et ils l'avaient garni d'un coussin recouvert en étoffe rouge, ainsi que le voulait l'usage, dans ce quartier, pour toutes les fenêtres des appartements un peu comme il faut.

De là, ce qu'ils apercevaient leur était maintenant

familier. Certains passants, qui revenaient chaque jour aux mêmes heures, avaient pour eux des tournures et des visages connus ; de quelques-uns Jean s'amusait, et il lui arrivait de dire, sur le ton d'un petit enfant, des choses comme celle-ci : « Attends-moi, bonne mère... Je ne peux pas me mettre à table avant d'avoir vu passer la demoiselle au nez de hibou, tu comprends bien. » Il y avait au-dessous d'eux, aux premiers plans de la vue, une vieille terrasse de granit, supportant une miniature de jardin bordé de buis ; là, déjà deux fois, ils avaient vu repousser les mêmes fleurs, des fuchsias et des véroniques de pleine terre, quelques roses étiolées ; point de ces vignes méridionales qui égayent si bien les vieux murs ; mais parmi les pierres, quelques plantes qu'on n'y avait pas mises : les mousses, les fougères et les tristes digitales roses, amies de ce granit breton... Et quelque chose d'eux-mêmes était déjà resté dans cet entour ; ce qu'ils aimaient, ce n'était pas ce lieu, mais c'était l'antérieur de leur propre durée qui déjà l'avait, pour ainsi dire, *imprégné*, — surtout l'antérieur de leur mutuelle tendresse, destinée à finir et à être oubliée...

Un des grands leurres de la vie, de tenir ainsi aux choses presque autant qu'aux êtres, — qui, il est vrai, durent encore moins qu'elles. L'attachement à des lieux, à des reliques, ou bien à des traditions et à des souvenirs, n'est vraiment qu'une forme cultivée, une forme adaptée à notre plus grande clairvoyance humaine, de l'universel sentiment de la conservation. Les bêtes se contentent de fuir ou de se défendre contre la mort, quand elle leur apparaît immédiate et violente, mais elles n'imaginent rien contre le temps qui les use. Nous, qui allons sans doute à la même poussière, nous essayons de nous défendre par les grands rêves, par les espérances et les prières sublimes, ou bien encore par l'amour d'un foyer d'enfance, d'une maison habitée longtemps, par le respect de pauvres petits objets quelconques associés à notre irrévocable passé. L'attachement à des lieux et à des choses, qui dérive de l'effroi de finir, est la forme la plus puérile des cultes humains, — à moins qu'il n'en soit une forme incrédule, amère et déçue, à laquelle on revient quand on a sondé le vide noir où chancelait tout le reste...

Jean et sa mère avaient depuis le matin souhaité

le beau temps, pour pouvoir passer ensemble à leur fenêtre cette soirée d'adieu : il partait demain, lui, pour une campagne de dix mois.

Et on eût dit qu'ils avaient commandé ce crépuscule rare, limpide et chaud, qui donnait des illusions d'être ailleurs, d'être là-bas plus près du midi rayonnant. Pas un souffle, pas un nuage, et vraiment c'en était presque trop ; pour eux, un tel resplendissement d'été ajoutait plutôt à la mélancolie de la séparation si prochaine, en leur rappelant la chère Provence, où tant de soirs sont pareils.

Demain, Jean partait pour faire, autour de l'Atlantique, le traditionnel voyage de la *Résolue*.

Ses plans d'avenir étaient d'ailleurs très bien combinés, très raisonnables : l'été prochain, revenir avec les galons de quartier-maître ; ensuite, repartir vite pour une campagne lointaine, qui finirait son temps de service ; y faire des économies ; les dépenser, au retour, pour suivre les cours d'hydrographie, et passer enfin ses examens de capitaine au long cours.

Pour ces beaux projets, il eût été sage de se remettre un peu aux mathématiques. Chez lui, dans sa chambre, il avait bien toujours ses livres et ses cahiers de collège étalés sur sa table ; mais il s'était contenté de les ouvrir de temps à autre, pour regarder les fleurs du jardin du Carigou qui séchaient entre les pages. Par nature et par entraînement excessif aux choses physiques, il était paresseux pour le travail intellectuel ; pour les mathématiques surtout, il éprouvait une difficulté et un éloignement, lui qui était si capable de tout comprendre en fait de poésie et d'art...

La nuit venait, tardive et lente, après le beau crépuscule. En bas, dans la rue au-dessous d'eux, les passants, qui rentraient, par groupes, de la promenade, commençaient à ne plus sembler que des masses confuses, où les coiffes blanches des femmes éclataient seules, sur tout le granit sombre des pavés et des murs.... Et peu à peu cette dernière soirée se gravait *pour plus tard*, dans leur souvenir à tous deux, comme se gravent, on ne sait pourquoi, tant d'instants furtifs de la vie, à l'exclusion de tant d'autres... Lui, s'apercevait que réellement il était presque attaché à ce coin de fenêtre, aux aspects de ce quartier ; à cette terrasse en jardin, qui ne faisait même pas partie de son logis de louage, et à ces frêles fleurs cultivées par des inconnus... Et elle, maintenant, baissait la tête, ne voyait plus rien, mais s'angoissait, dans l'obscurité envahissante, à la pensée de dix mois d'attente inquiète, de tout un hiver à passer ici, seule, sans lui...

XXII

Au large. Partout alentour, le vide, l'infini cercle bleu de la mer. En haut, l'échafaudage des voiles blanches et des cordes rousses aux senteurs de goudron, domaine de Jean et des gabiers ; mécanisme organisé merveilleusement, presque animé, dont chaque nerf moteur a son nom, sa fonction et sa vie ; et, circulant dans tout cela, l'*équipage*, c'est-à-dire quelques centaines d'hommes que le hasard a rassemblés, dont les noms sont tout à coup devenus des numéros, et dont les personnalités s'absorbent dans les fonctions remplies. Chez ces jeunes et ces simples, qui vivent là isolés du reste du monde, l'être individuel s'annihile, autant que dans les communautés religieuses ; les préoccupations de la vie quotidienne se réduisent pour eux à se demander si l'exercice de manœuvre a marché vite, si le *loch* a été *filé* à l'heure, si le *ris de chasse* a été bien pris le soir. Chacun, dans ce tout si minutieusement combiné, se borne à jouer son rôle spécial et toujours pareil ; il est le générateur de force physique qu'il faut à tel ou tel point précis, le ressort vivant qui raidit telle corde et jamais telle autre ; il est aussi la main qui chaque jour, à l'instant fixé, nettoie et fait reluire telle poulie de bois ou telle boucle de fer ; il accomplit automatiquement la série d'actes que d'autres avant lui — des inconnus qui portaient le même numéro — accomplissaient aux mêmes moments et aux mêmes places. Et dans cette abnégation absolue de leur libre arbitre, la vie saine et fortifiante qu'ils mènent leur épaissit les muscles, leur donne la gaîté de surface et le bon rire, les fait tout à coup s'endormir du plus tranquille sommeil, n'importe où ils se couchent et à des heures quelconques de la nuit ou du jour, dès que les sifflets aigus de la manœuvre ne les appellent plus.

Chez ceux qui sont nés songeurs, le rêve prend, en dessous de ces excès de vie matérielle, une intensité plus grande, dans une sphère plus cachée. Chez quelques-uns aussi, il y a comme une sorte de dédoublement de l'être : certain gabier, qui ne parle que voilure et cordages, qui ne semble vivre que pour son métier de mer, est, au fond, demeuré un enfant attaché à quelque hameau de la côte bretonne, à des affections ou à de tout petits intérêts qu'il a laissés là-bas, — et cela seul compte pour lui, il parle et travaille ici machinalement, l'âme ailleurs, ne voyant rien du monde qu'il parcourt, ni de l'inconcevable immensité de la mer.

Dans le repos des soirs, un tel, qui était par exemple : « *218, bras de misaine bâbord* », redevient le Pierre ou le Jean-Marie de ses premières années et s'en va s'asseoir à côté d'un autre garçon de son pays, qui lui-même a repris son être d'autrefois. Ils se cherchent, ils se trient, par âmes à peu près semblables, ou seulement par enfants des mêmes villages, tous ces entraînés aux grandes fatigues d'un métier si dur...

Jean, lui, causait avec les uns ou les autres, en

leur langage, tout à fait matelot à l'extérieur, et planant assez haut du reste, au-dessus de presque tous, pour pouvoir s'amuser gentiment, sans ironie, de leurs causeries naïves.

XXIII

Tous les jours, les grands exercices, les déploiements effrénés de vie musculaire, les longs cris chantants qui commandent la manœuvre, la musique aiguë des sifflets, le bruit des cordes qui courent, des poitrines qui halètent, des bras qui se contractent ou se tendent sous la toile des vareuses ; tout le travail qu'il faut pour animer ces immenses choses éployées qui sont des voiles, et leur communiquer une vie puissante et légère comme à des ailes d'oiseaux...

Mais les soirs, par les beaux temps délicieux, revenaient les heures tranquilles, les veillées aux étoiles. Sur le pont, après les radieux couchers du soleil, on se réunissait pour flâner, causer ou dormir, au balancement très doux du roulis, dans l'air infiniment pur. Par petits groupes triés, on se contait des histoires, ou l'on se chantait des chansons, en attendant l'insouciant sommeil.

Pour Jean, c'étaient, au début, des heures assombries; il avait beau s'étendre nonchalamment comme les autres, dans un égal bien-être physique, il se sentait moins simple qu'eux, irrémédiablement moins simple. — Et puis c'étaient les seuls moments où il songeait à l'avenir, aux difficultés accumulées devant sa route, à l'argent dont il aurait besoin pour suivre plus tard ces cours, à Brest, — au travail qu'il lui faudrait pour se faire recevoir capitaine...

Non, il ne se voyait pas bien, passant cet examen-là. Il sentait d'ailleurs que, sur cette *Résolue*, la vie active des muscles en lui absorbait tout; que son intelligence se fermait de jour en jour davantage aux abstractions mathématiques.

Ses pauvres cahiers de collège, dont il s'était fait suivre et auxquels il tenait comme à des reliques, s'usaient de plus en plus, aux angles, malgré ses soins, dans son sac de matelot; ils étaient jaunis maintenant, l'encre pâlie. — Et l'entre-croisement des signes et des chiffres qu'ils contenaient lui devenait de moins en moins intelligible : grimoires fermés, traités de choses occultes. — Et il faudrait rapprendre tout cela, et l'astronomie en plus !... Vraiment, quand il avait le temps d'y réfléchir, dans ces calmes des soirs, il entrevoyait des impossibilités effrayantes ; il lui semblait qu'il ne comprendrait plus, qu'il ne pourrait plus...

Il se consolait ensuite en se disant qu'il avait des années devant lui ; que le moment n'était pas venu de se remettre à ce travail et de s'en tourmenter... Alors il écoutait les naïfs qui causaient alentour, s'amusait de leurs enfantillages, — et le sourire lui revenait, le sourire et l'oubli... Par degrés, sans bien s'en rendre compte, il s'enfonçait de plus en plus, d'une façon dangereuse et peut-être définitive, dans cette vie de matelot qu'il n'avait d'abord acceptée que comme un passage.

Les jours de repos, cependant, quand les autres se mettaient à leurs jeux d'enfants, ou allaient à la bibliothèque du bord chercher des ouvrages à leur portée, il arrivait bien à Jean de lire aussi des livres qu'un officier lui prêtait.

Mais son choix, pour un gabier, était étrange. Il avait retrouvé là Akédysséril, avec la phrase lapidaire qui, pendant des années, avait chanté dans sa tête. Il avait rencontré Hérodiade et Salammbô, qui jetaient des enchantements inconnus et des tristesses nouvelles dans la vague immensité de son rêve...

XXIV

Entre les Tropiques, un merveilleux soir où l'Alisé austral soufflait avec sa plus exquise douceur.

Fatigué d'une bonne fatigue musculaire, bercé très doucement par le roulis comme un enfant qu'on endort, Jean était à demi couché sur le pont, à la lueur naissante des étoiles, au milieu de l'entassement des flâneurs en vareuse blanche, qui venaient, les uns après les autres, s'asseoir ou s'étendre, par petits groupes bien serrés, pour passer la belle veillée ensemble. Et, dans ce calme d'avant le sommeil, ses pensées à lui s'assombrissaient encore un peu, comme d'habitude, dans des préoccupations d'examen et d'avenir.

A sa droite, il avait ses deux camarades préférés, Le Marec, quartier-maître de manœuvre, et Joal, fusilier breveté, l'un et l'autre des Côtes-du-Nord, et entourés en ce moment d'un groupe de *pays* tout jeunes, qui les écoutaient causer avec respect.

A sa gauche, un cénacle de Basques, gens à part, qui de temps en temps parlaient entre eux une incompréhensible langue millénaire.

Plus loin, un chœur chantait une chanson alerte, en couplets, où le nom du « *Vieux Neptune, roi des eaux* » revenait sans cesse au refrain léger

Les Bretons contaient une chose de brume et de nuit, dont le début confus avait d'abord échappé à Jean. Il s'agissait d'un mystérieux brick désemparé et sans équipage, rencontré dans la Manche sur la fin d'un crépuscule d'hiver ; sorte de grande épave, où l'on hésitait à monter, par peur d'y trouver des hommes morts.

Les Basques, dans le groupe tout voisin, se faisaient part d'une aventure de guerre, à l'ardent soleil, sur les sables du Dahomey.

Dans la tête un peu ensommeillée de Jean, se croisaient et se mêlaient les deux histoires, d'ailleurs également enfantines et sauvages. Et le chœur, à petite distance, persistait à embrouiller le tout dans la chanson gaie du « *Vieux Neptune* » : on est forcément si près les uns des autres, à bord des navires, pendant l'entassement des soirs.

— Enfin, disait Le Marec qui avait été dans son enfance un pêcheur de Binic, — nous nous décidons à l'aborder... (c'est de l'inquiétante épave qu'il s'agissait). Déjà il faisait pas trop clair, presque la nuit, quoi, — et dame, moi je ne m'y fiais qu'à moitié, tu penses !... Tout de même, je croche mes mains sur le plat-bord, et je me hisse pour regarder là dedans... Alors, qu'est ce que je vois, mes amis !... Une grande figure noire, avec des cornes et une barbe en pointe, qui se dresse tout debout et qui me saute dessus...

— Le diable, pas vrai ? interrogeait Joal, avec la confiance d'avoir deviné juste.

Bien sûr, nous aussi, nous avions cru... Mais non, un bouc ! — Oh ! mais un bouc si gros, figure-toi !... Jamais on n'en avait vu de pareil...

Et Irrubeta, un Basque de Zitzarry, racontait presque en même temps, d'une voix qui, auprès de ces braves et lourdes voix bretonnes, semblait toute vibrante, toute légère :

— C'était l'amazone qui l'avait dénoncé, l'espion, tu me comprends... Alors l'autre, le grand nègre l'emmène : « Viens-t'en sur la plage qu'il lui dit, je m'en vas te couper le cou ; viens-t'en, viens-t'en !.. »

— Et il est venu ? demandait l'incrédule Etcheverry, qui était de Biarritz où les marins sont déjà plus modernisés.

— Mais oui, bien sûr ! Parce que, du moment qu'il avait espionné, n'est-ce pas, il sentait bien qu'il était dans son tort... Pas trop content tout de même, tu peux juger !...

Et les Bretons continuaient leur récit de brouillard d'hiver :

— Il était tout seul à bord, ce bouc, et, comme justement c'était un bateau chargé d'orge, en grenier dans la cale, alors il avait eu à manger tout son soûl. Pour ça qu'il était si gros, tu me comprends...

— Alors, disait Irrubeta, le voilà qui t'empoigne mon espion, — là, par ces tresses d'herbes, avec lesquelles ils s'attachent leurs cheveux, dans ce sale pays, tu sais, — et il le fait mettre à genoux sur le sable, et il commence avec son coupe-choux à lui tailler derrière dans la nuque... Mais c'est qu'il n'en voulait plus, l'autre, à présent que c'était commencé... Oh ! ce qu'il criait, mes fils !... Et l'amazone remuait ses dents — comme ça, tiens ! — sans doute pour dire qu'elle était contente... Eh bien ! vous me croirez si vous voulez, mais il n'a pas pu en venir à bout, avec son sabre d'ordonnance, tant il était mal affuté ! Et pour finir, il a été obligé de sortir de sa poche un petit couteau de six sous, que je lui avais donné en cadeau, moi, dans le temps, chez la mère Virginie, au bazar de Gorée.

Tandis qu'ils s'égayaient, les écouteurs, à cette manière de s'y prendre pour finir de couper un cou, leurs voisins les Bretons demeuraient obscurément songeurs, à l'idée de cette épave et de ce bouc noir... Et Jean qui, sur la fin des deux récits, avait tendu l'oreille à droite et à gauche, souriait de ces enfantillages barbares; la chanson joyeuse du « *Vieux Neptune* » lui communiquait d'ailleurs son irrésistible légèreté gaie. Jamais encore il n'avait été si complètement matelot que ce soir. Ses préocupations d'avenir, chaque jour plus effacées, allaient s'évanouissant tout à fait dans le bîe-nêtre de son corps reposé. Il était tout entier au charme physique de vivre et de respirer, par un si beau soir, de se sentir des muscles souples et forts sous des vêtements libres.

Il acheva de s'étendre de son long, sur ces planches bien propres qui étaient son lit le plus habituel, appuyant sa tête sur un voisin quelconque, ainsi que le permet l'usage, pour plus mollement dormir.

C'était l'heure enchanteresse entre toutes, sur les mers où souffle l'Alisé suave.

Un instant, il perçut encore les grands éventails pâles de la voilure, balancés sur le bleu profond du ciel de nuit. Ensuite, il distingua seulement les claires constellations australes, qui là-haut, entre toutes ces toiles devenues plus nuageuses, semblaient jouer à un lent et monotone cache-cache, disparaissant à intervalles réguliers, pour aussitôt reparaître, — et pour se voiler encore, et toujours recommencer, au gré du roulis tranquille... Enfin, il ne les vit plus et, par degrés, perdit conscience de toutes choses dans l'anéantissement du sommeil, réparateur des saines fatigues...

. . . .

XXV

Le mois de mai suivant le trouva à Québec, où son navire faisait une longue halte imprévue, pour des avaries. Dans un faubourg de la ville, dans une petite rue qui déjà lui était familière, on le voyait chaque soir sortir d'une maison, en compagnie d'une blonde fille de dix-huit ans qui était sa propre fiancée; l'allure libre, la longue chevelure d'or éparse en crinière, la mise presque élégante, elle allait seule avec lui, par des sentiers d'herbe toute neuve, errer jusqu'à la nuit close.

Cela s'était fait très vite, ces fiançailles, comme un jeu. Certain jour, un Français à barbe grise, — bonhomme à moitié riche, descendant des anciens colons du Canada, — qui visitait la *Résolue*, s'était arrêté pour contempler Jean à la manœuvre, et, à brûle-pourpoint, lui avait dit :

— Venez chez moi, j'ai trois filles, vous choisirez celle que vous voudrez, pour vous marier avec elle.

Et il s'était laissé emmener dans cette famille.

A la vérité, il n'avait jamais déclaré son choix officiel entre les trois sœurs ; mais c'était celle-là, évidemment, Marie, sa préférée, et, comme des promis, ils sortaient ensemble sans qu'on y trouvât rien à redire. Sur ce bateau en réparation, il était libre la plupart des soirées ; il pouvait donc, à son gré, aller chercher Marie, dans cette maison où presque jamais n'intervenaient les parents et où les deux autres jeunes filles l'accueillaient déjà comme des sœurs.

Il ne trouvait pas tout cela très vraisemblable, — pas plus d'ailleurs que ce printemps qui, pour lui, n'en était pas un, et il souriait de voir Marie, par ces longs crépuscules froids, prendre des robes blanches et mettre un chapeau de paille sur son admirable crinière blonde... Ces fiançailles rapides, ces incertaines soirées de mai, lui paraissaient également instables, prêtes à changer et à passer, comme toutes les choses de la vie.

Étonné au début, et un peu amusé aussi, retenu ensuite par la crainte de faire de la peine à ces nouveaux amis, qui étaient des êtres excentriques, mais en somme bons et charmants, il laissait couler les jours sans se dédire, — et la jolie taille de Marie, ses fraîches joues roses, de plus en plus lui plaisaient.

— Laissez partir la corvette, disait le père, restez avec nous ; votre mère, après, nous la ferons venir. Voyez-vous, je tenais à prendre pour gendre un Français, actif, et surtout brun, — parce que mes filles sont trop blondes et que ma femme a eu deux sœurs albinos... Vous me comprenez, à présent.

Ensuite il lui contait ses plans d'exploitation, lui expliquait le métier remuant et de plein air qu'il avait l'espoir de lui léguer en l'adoptant pour fils.

. . . .

Cependant, le jour de l'appareillage, Jean resta à bord... Déserter, renoncer pour jamais à revoir la France, la vieille maison d'Antibes et le jardin du Carigou..... autant tout de suite lui demander de mourir !... Et puis cette Amérique allait si peu à son âme de poète et d'oriental, attachée aux ruines, à l'immobilité, au passé mort...

Pourtant son cœur se serrait un peu, tandis qu'on levait l'ancre gaîment. Il regrettait cette Marie, cette chevelure blonde que le vent lui avait tant de fois jetée au visage ; peut-être regrettait-il surtout ces parcelles de durée, de vie et d'amour, qu'il avait laissées, pendant les promenades du soir, aux herbes de ces chemins.

Il partit, se disant qu'il écrirait bientôt, qu'il reviendrait sûrement, qu'il l'épouserait peut-être... Mais il était ainsi fait, que tout ce qui n'était pas sa mère ou ses souvenirs d'enfance provençale, prenait difficilement sur lui, glissait pour ainsi dire, ne traversait pas son enveloppe d'insouciance.

XXVI

. . . .

— Mère, fais-moi voir un peu le petit chapeau du jour de Pâques...

C'était dit avec un léger accent d'Antibes qu'il s'amusait à reprendre parfois, en même temps que des intonations très comiques de petit enfant, pour parler à sa mère et la faire sourire.

Alors, elle ouvrit l'armoire aux reliques, en retira un carton de forme ancienne, et montra le petit chapeau qui était là dedans, bien enveloppé d'une gaze.

Jean était arrivé le jour même de sa campagne de la *Résolue,* et cela faisait partie de la joie mé-

lancolique des retours, cette revue que l'on passait
de tous les souvenirs. On regarda aussi la robe
d'ange, la redingote et la canne du grand-père. Et
puis on resserra avec soin ces humbles choses.

Ensuite, elle lui fit voir différents embellissements nouveaux, dans sa chambre à lui surtout ;
pour son lit, un couvre-pied au crochet, travail
de ses veillées d'hiver, entre onze heures et minuit, après que ses yeux fatigués ne voyaient
plus bien les fils d'or de ses broderies marines :

— Que veux-tu, lui dit-elle, ça a l'air un peu
pauvres gens, ces couvre-pieds-là, je te l'accorde ;
mais c'est propre et très pratique, mon fils. — Et
puis, cela durera, et plus tard tu te souviendras
que ce fut l'ouvrage de ta mère.

Lui trouvait tout très joli, très bien ; après la
simplicité grossière du poste de l'équipage, cet
intérieur si soigné lui paraissait presque confortable, avec la blancheur bleuâtre de ses rideaux
de mousseline fraîchement repassés. Et cependant
le ciel était bien sombre, sur ce jour d'arrivée ;
une grande pluie d'été, incessante, froide comme
une pluie d'hiver, inondait Brest, attristant tout.

Elle le regardait avec admiration, son fils, dans

la splendeur de ses vingt et un ans, élancé, la taille mince et les épaules larges, le profil si pur, le teint si chaud dans l'encadrement net de la barbe noire. Mais elle aimait surtout ses yeux grands ouverts qui ne changeaient pas, ses yeux qui, dans tout le velours arabe des sourcils et des cils, pouvaient retrouver pour elle, en la regardant, le bon sourire candide de leurs premières années.

Il revenait d'ailleurs bien noté, bien vu de ses chefs et portant à ses manches les galons de laine de quartier-maître qui, dans la Flotte, ne se donnent pas à la légère. A bord, on avait apprécié la promptitude de son intelligence à la manœuvre, sa décision, son commandement et sa force. Et, en plus de ces qualités de matelot, ses officiers avaient aussi pressenti, dans sa réserve muette, sa supériorité un peu étrange dans des choses à côté, l'avaient constamment traité avec des égards particuliers.

Depuis le départ de Québec, la *Résolue* avait relâché deux fois, et Jean n'avait pas écrit à Marie. De temps en temps, un regret lui venait, un remords de lui avoir fait cette peine. Et ce jour d'arrivée, il se promit que, dès le lendemain, l'embarrassante lettre partirait pour le Canada. Ne pas écrire, même quand on aime tendrement, est bien dans ce caractère matelot que Jean prenait de plus en plus ; mais il avait aussi par nature cette sorte d'inertie spéciale, l'inertie pour les lettres, qui est une des plus singulières et des plus difficiles à vaincre.

Et une quantité indéfinie de lendemains passèrent ; l'image de la jeune fille blonde s'éloigna graduellement ; — il ne lui écrivit jamais.

XXVII

Ce même été, un beau soir d'août, Jean et sa mère étaient à leur fenêtre, accoudés au large appui de granit, sur le coussin rouge.

Entre eux deux, un grand orage venait de passer, un long et cruel désaccord, — le seul, il est vrai, depuis leurs mauvais jours lointains.

Mais à présent, c'était apaisé, pardonné, — et ils se retrouvaient.

Voici : son temps obligatoire de matelot étant près de finir, sa mère aurait voulu qu'il fît la seule chose raisonnable ; qu'il restât là, à Brest, pour suivre des cours d'hydrographie : en travaillant bien, croyait-elle, il aurait pu être reçu l'année suivante et entrer comme officier dans quelque grande compagnie de paquebots, — du côté de la Méditerranée, peut-être, — et alors tout l'avenir s'éclairerait...

Mais Jean qui, pendant sa campagne, n'avait pas ouvert un livre de mathématiques, ne s'était occupé que de la partie vivante du métier marin, sentait aujourd'hui dans sa tête l'algèbre et la trigonométrie à l'état d'écheveaux mêlés, indébrouillables, et s'imaginait avec une enfantine frayeur qu'il aurait toutes les peines du monde à remettre au point voulu ces abstractions-là. D'économies, il n'en avait pas fait non plus pendant tous ses séjours dans des ports d'Amérique ; donc, il faudrait que l'aiguille de la brodeuse d'or fût constamment à l'ouvrage, et lui, un peu mécontent de lui-même, ne pouvait se faire à cette idée de vivre, à vingt et un ans, du travail de sa mère.

Difficile à conduire toujours, malgré son bon cœur d'enfant, il était déjà obstiné et sombre, avec les yeux changés, avec la voix brève des mauvais jours, quand sa mère lui avait fait un reproche maladroit comme jadis, un de ces reproches de tendresse mal entendue qui, pour un temps, ferment le cœur.

Alors il s'était buté, avec un entêtement silencieux, ayant en lui-même un autre projet, très facile et très tentant, qui le délivrerait de tout : se rengager dans la Flotte !... D'ailleurs cette vie-là le tenait encore, par son charme inexpliqué, que tant de jeunes hommes subissent.

Et c'était fait depuis la veille, signé, définitif; il avait, sans rien dire, contracté un nouveau pacte avec le col bleu, pour cinq années !

A son réveil ce matin, il s'était tout de même senti angoissé, envahi comme d'un pressentiment de mort, en présence de cet acte irréparable. Pendant le déjeuner silencieux, il l'avait annoncé à sa mère, comme incidemment, en quelques mots secs et détachés. Elle, qui s'en était presque doutée, l'avait regardé, sans une réponse, sans une exclamation d'étonnement, avec des yeux de douleur tout de suite inondés de larmes; alors, vaincu à son tour, il l'avait prise dans ses bras, et tout avait été fini. Ils étaient restés ensemble, dans une longue étreinte de tendresse et de pardon, les deux abandonnés, que ce nouvel aspect de l'avenir accablait d'abord davantage.

— Mais comment, comment voulais-tu que je fasse sans cela ? lui disait-il, sur un ton de bon reproche bien doux.

Et il la persuadait presque. Comme il était tout pour elle, la joie de l'avoir une fois de plus retrouvé lui faisait admettre à présent ses raisonnements quelconques, sans plus de discussion ni de contrôle.

Pendant l'après-midi, ils avaient refait ensemble leurs projets sur ces bases nouvelles, discutant ensemble les meilleurs moyens de tirer parti de la situation ainsi changée.

Il allait partir au plus vite pour une campagne. Il était justement dans les premiers sur la liste de départ. Un officier, connu à bord de la *Résolue*, lui avait promis de le faire embarquer dans la quinzaine sur le *Navarin* pour un *tour du monde* de dix mois. Il travaillerait pendant cette longue traversée sans distraction, au large de toutes les terres habitées. Il reviendrait avec des économies, maintenant qu'il était quartier-maître. Il pourrait alors, comme matelot, suivre les cours, — tant d'autres le font, — et, une fois reçu, il serait congédié de droit, et ses cinq années se trouveraient réduites à deux.

Tout à fait d'accord, apaisés, résolus, ils regardaient par leur fenêtre le soir d'été finir. Ils réfléchissaient en silence, promenant les yeux dans ce cadre borné et triste, qui était par hasard devenu le leur et où, par degrés, s'obscurcissaient les choses : le petit jardin en terrasse au-dessous d'eux, les granits des murs, les ardoises des toits, les hautes cheminées, très nettes sur le ciel jaune. Pour eux, les lendemains remplis d'incertitudes dépendaient entièrement de leur force de volonté et de travail ; mais ils avaient confiance et surtout ils se sentaient unis à présent plus que jamais, après cette crise mauvaise dont ils avaient tous deux souffert — et qui lui avait fait presque entrevoir, à elle, la déception suprême, le vide affreux de douter de lui.

XXVIII

Une fatalité de décisions mal prises, d'espérances irréalisées, de projets manqués, continuait de poursuivre la vie de Jean. Il ne partit pas pour ce tour du monde; l'équipage du *Navarin* fut complété sans lui. D'autres marins de son grade, sur lesquels on n'avait pas compté, étaient rentrés de la mer et, d'après certaines règles fixes, avaient pris place les premiers sur la liste d'embarquement, où l'on ne cède guère son tour.

Il passa l'hiver à Brest, auprès de sa mère.

Un peu plus d'aisance encore leur était venue, sa solde de quartier-maître aidant. Il dépensait le moins possible pour lui-même et, le dimanche, sa mère avait pu reprendre à peu de chose près sa mise d'autrefois pour sortir avec lui.

Il amenait chez lui quelques amis à col bleu, — non pas, bien entendu, de ces braves enfants de la côte dont il faisait si volontiers sa compagnie, mais des fils de famille égarés dans la Flotte, qui, par exception comme lui-même, étaient des déclassés honnêtes et gentils. Il en invitait même à dîner, dans la petite salle à manger mieux montée, où les beaux vases apportés d'Antibes se garnissaient de fleurs pour la première fois depuis la fuite en exil, et, pendant ces repas, il s'inquiétait que les choses eussent bonne façon, et que sa mère surtout y parût comme une dame. Il s'excusait du très modeste service, et volontiers mettait la conversation sur le cher passé, — comme les gens ayant eu des malheurs, — parlait de la maison d'Antibes, de l'argenterie vendue, s'exagérant bien un peu à lui-même ce confort de jadis.

Son préféré était un garçon frêle et timide, nommé Morel, fils d'un pasteur protestant du centre de la France, attiré là par des voyages rêvés et par la mer inconnue ; marin pitoyable du reste, et qui en avait conscience, continuel souffre-douleur des terribles *sergents d'armes*.

Après l'avoir d'abord pris simplement sous sa protection par pitié, Jean s'était attaché à lui. Et lui, avait eu bientôt un étonnement complet en trouvant chez ce protecteur, si matelot, des raffinements extrêmes, — et des conceptions de passé, d'Orient, de lumière et de mort, plus immenses et plus mystérieuses que les siennes propres... Ils s'étaient toute de suite charmés mutuellement, par beaucoup de points communs et par d'excessifs contrastes, ces deux êtres, appelés à être envoyés d'un moment à l'autre aux deux bouts opposés du monde et à ne jamais se revoir.

Ce Morel avait, dans la même Grand'Rue qu'habitait Jean, une petite chambre de matelot à dix francs par mois, où il entassait des livres, sa seule possession terrestre, et où il se retirait pour lire. Dans cette bibliothèque, d'un choix déjà très exclusif, Jean furetait assez dédaigneusement, n'en admettant que la quintessence, — et Morel s'amusait de voir son ami, si peu lettré, ouvrir tel ou tel volume, en parcourir deux pages, et dire sans appel :

— Non, pas ça...

— Mais pourquoi ? demandait en riant le pâle garçon, très érudit.

— Eh bien, que veux-tu que je t'explique, moi... Ça ne me dit rien, voilà tout.

Et chaque fois il avait raison; l'ouvrage, même très habile, manquait d'âme, ou n'en avait qu'une trop petite. Très peu de livres, du reste, étaient au niveau et dans la région spéciale de son grand rêve, inexprimé, imprécis, auquel il eût été si incapable de donner une forme quelconque. Les romans de mœurs du jour, même les plus excellents, ne l'intéressaient guère, parce que sa simplicité ignorait les complications de la vie contemporaine; elle planait au-dessus, quand elle ne s'amusait pas à des enfantillages à côté. Ainsi, il relisait volontiers trois fois de suite un chapitre de l'Apocalypse, ou la « Tentation de saint Antoine » de Flaubert, ou quelque sombre vision antédiluvienne de Rosny; mais il lui fallait de telles choses — ou alors, pour s'en reposer, des drôleries stupéfiantes et suprêmes de Chat-Noir.

En somme, la rencontre de ce Morel aurait eu sur lui une influence inattendue, aurait augmenté et affiné sa faculté de concevoir et de souffrir, — car jamais il n'avait tant lu qu'avec lui, pendant ces veillées d'hiver.

De temps à autre, il lui arrivait tout de même de délaisser l'honnête coin de feu des lectures, pour des équipées de femmes. Ces soirs-là, il tenait presque autant à se cacher du sérieux Morel, qui le croyait chez sa mère, que de sa mère, qui le croyait à la caserne; alors il tâchait de s'en tirer par des mensonges d'écolier, des ruses de Peau-Rouge, qui parfois lui réussissaient.

XXIX

A la fin de l'hiver, comme venaient de sonner ses vingt-deux ans, arriva l'ordre de départ, que dans son oublieuse insouciance, il ne désirait même plus. On l'expédiait dans un autre port, avec un détachement, pour aller de là à Dakar et faire partie, pendant dix-huit mois, de l'équipage d'un bateau stationnaire au Sénégal.

Il connaissait Dakar, pour y avoir touché avec la *Résolue*. Et, à ce seul nom de Sénégal, il revit l'infini des sables, les languissants soirs rouges où s'abaisse sur le désert un soleil énorme... Il allait donc pénétrer au fond de ce pays des hommes noirs, par le long fleuve qui sert de route aux hommes d'Europe... Tout cela l'attirait étrangement, — surtout la rive saharienne, l'impénétrable rive des Maures...

Par faveur tout à fait spéciale et rare, on l'avait laissé libre, sur sa parole, le dernier soir; il devait, à minuit, quand le détachement passerait sous sa fenêtre pour se rendre à la gare, descendre bien vite le rejoindre, au coup de sifflet d'un des chefs.

Il invita, à ce dernier dîner, le frêle fils du pasteur.

Son sac de matelot, en toile blanche, était posé par terre, à côté de la table, fermé, prêt à être mis à l'épaule.

Tous trois parlaient à peine, sous cette oppression spéciale que cause l'approche des grands départs, des fins, des morts.

. . . .

Jean vit que sa mère avait préparé son manteau et son chapeau pour sortir, et comprit :

— Maman, non, ne viens pas jusqu'à la gare,

va... dit-il, d'une voix infiniment douce, en prenant une de ses mains qui était posée sur la nappe.

Et devant son pauvre regard déçu, qui semblait lui demander humblement pourquoi :

— Eh bien, c'est qu'il y a les autres, vois-tu... Non, ne viens pas; j'aime mieux t'embrasser ici... Morel me conduira, lui, s'il le veut.

Après dîner, ils s'assirent devant le feu, pour attendre, causant très peu, avec de longs intervalles de silence, les deux matelots fumant des cigarettes, la mère près de son fils lui tenant une main dans les siennes.

. . . .

— Maman, avant que je parte, montre-moi les chères petites choses, tu sais, la redingote, la canne... Tout, je veux revoir...

Et comme elle semblait hésiter, en jetant les yeux sur cet étranger assis là.

— Quoi! à cause de Morel?... Ah! ça m'est bien égal qu'il soit là, lui, par exemple... Il en fait autant, tu sais...

Alors, elle lui montra l'une après l'autre, sur la

table, les reliques qu'il avait demandées. Il les regardait en courbant la tête, sans rien dire, lançant à intervalles réguliers une mince fumée grise de tabac d'Orient. Et, à mesure qu'elles disparaissaient, enveloppées de nouveau dans leurs petits suaires de mousseline, il éprouvait des impressions d'irrévocable *jamais*, comme le soir où il avait fermé pour la dernière fois la porte du jardin du Carigou...

Tout à coup, par l'entre-bâillement de la fenêtre, un bruit lourd monta de la rue endormie, un martellement de pas cadencés sur les pierres, — et puis l'appel aigu d'un sifflet de manœuvre... Quoi!... Déjà le détachement qui passait!... Alors, elle était en retard, la pendule, ou arrêtée... Ils n'avaient pas cru qu'il fût si tard... Avec une sorte d'effarement, Jean étreignit sa mère de tout son cœur, dans un grand baiser d'adieu, et, jetant son sac sur l'épaule, suivi de Morel, il descendit quatre à quatre l'escalier de granit.

Une lampe à la main pour l'éclairer, elle le regarda si vite descendre, glacée, sans paroles, — puis courut ouvrir toute grande la fenêtre pour essayer de le revoir dans la rue... Mais non, rien qu'un groupe confus d'hommes qui s'en allaient, une masse noire qui s'éloignait dans de la nuit, sous une fine pluie froide... Lui, au contraire, en se retournant, la voyait bien encore là-haut, dans le carré lumineux de la fenêtre.

Quand la masse noire fut bien perdue, le bruit des pas plus assourdi, elle referma les vitres — et fut seule. — Sans larmes, comme hébétée, toute tremblante avec une sueur, sous une sorte d'impression de suprême écrasement qu'elle ne connaissait pas, que les autres départs de Jean ne lui avaient jamais causée, elle se laissa tomber sur une chaise, devant le feu mourant, et prit, dans ses doigts incertains, une cigarette à lui, qui finissait de s'éteindre sur la pierre de la cheminée...

XXX

Dans ce nouveau port, le jour de son arrivée, on l'informa qu'un quartier-maître, rentré depuis la veille à la caserne, avait plus de droits que lui et prendrait sa place sur un bateau sénégalais.

Ainsi se passent, en changements imprévus, tant d'existences de matelots. Expédiés çà et là comme des colis, et en général tous désireux de prendre la mer, ils stationnent souvent bien à contre-cœur dans ces ports — où, les soirs, ils ont l'air de tant s'amuser.

Finis, ou du moins ajournés pour longtemps, ses projets de grand départ.

Son tour de liste l'avait fait désigner pour l.

« Réserve » — qui est un groupe de bateaux désarmés, sommeillant dans le port pendant des périodes indéfinies. Pour lui, c'était comme s'il se fût échoué, d'une façon tout à fait inattendue, dans cette petite ville, régulière et blanche, triste en somme, dont les rues larges et presque sans passants finissaient à de vieux remparts ombreux. On ne voyait même pas la mer, dans ce port tranquille environné de grandes plaines d'herbages, et on aurait pu s'y croire perdu dans les provinces intérieures, sans ces bandes de marins qui chantaient le soir. Ce dépaysement d'un genre nouveau, ce dépaysement sur terre et pour une durée relativement très longue, lui causait une oppressante mélancolie ; il n'avait pas prévu cet exil, à si petite distance de sa mère, — et jamais ses impressions de solitude n'avaient été pareilles.

Et puis il prenait plus complètement conscience de sa position infime de matelot, dont certaines réalités lui avaient été épargnées jusqu'à ce jour. Parmi les hommes embarqués avec lui sur cette « Réserve », pas un qui fût un compagnon possible. Tout au plus se rapprochait-il de deux ou trois très simples et très jeunes, nés dans des chaumières primitives, avec lesquels il s'entendait, à certaines heures, par des côtés communs d'enfantillage, mais qu'il dominait de haut par la pensée et par le rêve.

Toujours raisonnable d'intention, il se dit qu'il chercherait à permuter et à partir ; que, d'ici là, il vivrait sage et retiré, économisant sur toutes choses et dormant chaque nuit dans son hamac, malgré la tristesse du navire presque vide et de l'arsenal désert.

Grand garçon de vingt-deux ans, on le voyait passer dans les rues, le soir, l'allure lente et fière, très beau, les grands yeux doux, la barbe noire, le cou bronzé et puissant, découvert par le col bleu. Avec une indifférence voulue il regardait les jeunes filles, n'en trouvant d'ailleurs aucune à son gré, et ne manquait jamais, à la nuit tombante, avant le coup de canon de retraite, de franchir la grille de l'arsenal qui se refermait derrière lui jusqu'au lendemain.

XXXI

Mais certain soir de dimanche, comme il rôdait sans but, toujours seul et avec son faux air grave, il entra dans la cour de la gare pour assister à une arrivée de train et s'amuser du défilé des figures — peut-être aussi, sans bien s'en rendre compte, dans une confuse intention de chercher fortune, à ce crépuscule de mars qui s'allongeait très doux et déjà printanier.

Devant lui passèrent des gaîtés de peuple et de dimanche, une cohue de bonnes gens qui revenaient de la campagne ; dans le nombre, des têtes drôlement coiffées le firent sourire.

— Ton petit sac, Madeleine, tu ne l'as pas perdu ?

demanda, d'une voix comiquement inquiète, une bonne femme en mantelet à franges, une maman sans nul doute.

Il chercha des yeux la fille qu'on appelait Madeleine, amusé de connaître son petit nom avant de l'avoir vue... Déjà passée et s'éloignant d'un pas rapide, elle se retourna pour montrer qu'elle avait bien à la main ce sac de cuir, — et le peu que Jean put apercevoir, en une seconde, de son profil perdu, lui sembla exquis.

Alors, dans le flot des arrivants qui s'éparpillait sur l'avenue, il la suivit, l'enveloppant d'un regard tout de suite attentif : même vue ainsi, par derrière, elle était charmante, la taille svelte et souple, la nuque très jolie, la mise gentille, simple et presque distinguée.

D'un coup d'œil, il inspectait aussi les parents : de tout petits bourgeois, ou au moins des artisans à leur aise, un milieu évidemment inaccessible pour lui, matelot de passage, n'épousant point.

Tout de même, il pressa le pas, pour les dépasser et revoir ce visage de jeune fille, souhaitant d'ailleurs et espérant beaucoup une déception, à l'examiner de plus près. Quand une figure, à peine entrevue sur notre chemin et impossible à posséder, nous a charmés un peu trop, c'est un soulagement si ensuite, en la regardant mieux, nous la trouvons plus ordinaire ; cela nous enlève le regret confus et profond de laisser, à jamais inéprouvé, le contact d'une forme rare de la beauté — souveraine de tout...

Il était maintenant très près de cette Madeleine, retardant le moment de passer devant elle, s'occupant à regarder son oreille, la racine de ses cheveux épais, tordus, serrés comme un écheveau. Puis, gagnant un pas de plus, il découvrit cette ligne ovale de la joue et du menton qui trompe rarement sur le reste du visage lorsqu'elle est, elle-même, régulière et charmante. Enfin, il se décida à passer, tête relevée, la regardant de haut en bas et croisant son regard à elle, qui s'abaissa, mais sans hâte.

Et il se sentit troublé, car, hélas! elle était délicieuse!... De grands yeux roux, très enfoncés, un peu sombres, qui fronçaient ; l'air d'avoir une volonté et une pensée. Le profil droit ; le menton un peu avancé, mais d'une irrévocable pureté de contour. Dans cette figure, ce qu'il y avait de rare et d'attirant tout de suite, c'était une simplicité absolue de lignes et de couleurs. Les traits semblaient avoir été moulés par une main sobre et sûre d'elle-même, désireuse d'indiquer une forme noble avec le moins de détails possible ; les courbes, à la fois inhésitantes et douces, des joues et du cou, paraissaient être venues d'un seul jet, sans qu'une retouche y eût été nécessaire. On avait ensuite laissé tout d'une uniforme pâleur rosée d'hortensia, qui devait être la nuance même de cette pâte transparente dans laquelle la tête avait été coulée. De plus, le blond des cheveux, atténué de cendre, complétait une harmonie de teintes discrètes, distinguées, comme lointaines. Et le calme presque irréel de l'ensemble faisait ressortir la vie de ces yeux roux, qui brillaient, tout jeunes et volontaires, dans leur retrait profond, sous le froncement des longs sourcils.

Il se mit à marcher plus doucement, pour se laisser dépasser à son tour et la revoir encore.

Les parents aussi, il les examina mieux cette fois : le père, la mère, et probablement quelque vieille tante ; de bonnes figures saines, qui avaient pu être jolies dans leur temps. Et comme cela avait l'air honnête, tout ce monde !... Il eut une hésitation à poursuivre et un remords, comme si sa poursuite eût pu être pernicieuse pour elle...

Cependant il continua de les surveiller, mais avec discrétion, de très loin, à la nuit tombante, afin d'au moins savoir où ils demeuraient et de ne pas perdre à tout jamais la trace de cette Madeleine.

Quand il eut remarqué la modeste petite maison où ils étaient entrés, dans le haut de la ville, en face d'un jardin, il redescendit vers les quartiers du centre, puis vers ceux où les matelots s'amusent. Trop tard pour revenir à bord : l'arsenal était fermé. Alors pour se changer le cours des idées, il entra dans un estaminet chercher facile conquête.

Mais le lendemain, il s'aperçut avec étonnement que quelque chose de lui-même s'était accroché à cette jolie figure incolore et à ces jeunes yeux roux. A cause d'elle, à peine entrevue, il ne sentait plus ni sa solitude dans le port, ni le calme oppressant de la petite ville, ni l'enserrement des vieux remparts. C'était déjà le délicieux mirage d'amour, qui transforme toutes les choses présentes et efface toutes les choses passées...

A la tombée de la nuit, dès qu'il fut libre, il retourna du côté de sa maison, pour essayer de la revoir.

Et précisément elle arrivait aussi, comme s'il l'eût appelée. Il trembla en la reconnaissant. Elle rentrait seule, un peu en hâte, tenant à la main ce même petit sac de cuir qui avait été cause de tout. Elle était gantée convenablement, et sa mise, encore plus simple que celle d'hier, conservait je ne sais quoi de très comme il faut et de très gentil.

Elle revenait de travailler, cela se voyait bien ; donc, elle n'était qu'une petite ouvrière, rentrant sans doute chaque soir à la même heure sans être accompagnée, ce qui facilitait tant les choses. A son regard, qui se détourna trop vite, il comprit qu'elle l'avait remarqué la veille et qu'elle était gênée de le rencontrer encore sur son chemin.

Tous ses projets de rester à bord s'en étaient allés au vent. Le soir même, il loua en ville une petite chambre de matelot, au-dessus d'un café toujours désert, dans une rue plantée de tilleuls, avoisinant l'arsenal. Pour calmer sa conscience, il se dit qu'il apporterait là ses cahiers de mathématiques et travaillerait chaque soir — plus facilement que sur ces vieux navires, où les fanaux grillés n'éclaireraient pas.

Jamais encore il ne s'était trouvé ainsi, à terre, habitant seul dans une chambre, en grand jeune homme libre, et la nouveauté de cette installation subite tantôt lui causait une mélancolie, tantôt l'amusait comme un enfant.

Il repensait à elle, charmé de connaître son nom de Madeleine, — ce qui déjà la rapprochait un peu de lui.

XXXII

Deux jours après. Par un tout petit garçon, dont l'aspect ne pouvait inspirer de méfiance, il lui avait fait remettre ce billet, le soir, dans la rue, comme elle sortait de son atelier de couturière :

« Mademoiselle Madeleine, quelqu'un, que vous avez déjà vu trois fois et qui s'appelle Jean, vous rencontrera tout à l'heure au même endroit qu'hier au soir. Il vous demande en grâce de le laisser vous parler, rien qu'un instant, si personne ne passe.

» JEAN. »

Et il attendait au crépuscule, dans une vieille rue blanche, solitaire, plantée de tilleuls et bordée surtout de murs de jardin, par où elle avait l'habitude de regagner son logis... Pour lui, accoutumé à de faciles succès, dans le monde des petites filles qui rentrent seules aux tombées des nuits, une telle lettre était vraiment un surcroît inusité de cérémonial. Mais aussi, cette Madeleine ressemblait si peu aux autres, — si peu qu'il ne savait même pas ce qu'il allait lui demander et lui dire. Et il faisait les cent pas, ou bien s'appuyait adossé aux troncs des tilleuls, impatient de son arrivée, tout en ayant presque une frayeur de la voir tout à coup déboucher au tournant de la rue prochaine.

Elle, avant d'avoir déplié ce billet, — le premier qu'on eût jamais osé lui écrire, — avait tout de suite, d'instinct, compris que c'était de lui. Petite créature à part, pensive et fière, élevée dans un milieu d'austérité protestante, hautement dédaigneuse jusqu'à ce jour pour celles que des galants reconduisaient, voici qu'elle n'éprouvait ni irritation ni étonnement en présence d'une hardiesse si nouvelle — parce que cette hardiesse était de lui. Dans son imagination, la beauté et les yeux de Jean, avaient en ces trois jours, pris une place souveraine. Elle n'éprouvait que du trouble, — mais un trouble ignoré jusque-là, un vertige qui faisait tourner, danser, devant ses yeux, maisons et passants, — d'autant plus que l'insolent billet charmeur lui avait été remis tout près du lieu de rendez-vous, trop tard pour réfléchir, pour changer de route, pour prendre un parti quelconque... Et, en continuant machinalement son chemin habituel, la tête bruissante et les genoux près de fléchir, bientôt elle arrivait, comme si on l'y eût portée, au coin de rue indiqué, — et tournait dans l'allée déserte, entre les murs de jardin, — et l'apercevait, lui, devant elle, à dix pas, s'avançant à sa rencontre...

C'est une chose délicieuse ou décevante que d'entendre pour la première fois le son tout à fait inconnu d'une voix de femme, alors que déjà on aime le regard et le visage. Et quand, avant qu'il eût rien dit, elle parla, Jean écouta avec ravissement cette voix de Madeleine, lente et sérieuse, prise dans des notes basses, très grave et très jeune, comme celle des enfants grandissants qui hésitent encore entre différentes tonalités de langage :

— Oh ! monsieur... non !... Dans la rue... et en

matelot comme vous êtes là, est-ce que c'est possible !...

— En matelot !... Ah ! oui, c'est vrai, je n'y avais pas songé. Mais si je revenais en civil demain, vous me parleriez ?... Bien sûr ?... Pour demain, me promettriez-vous ?...

— ... Eh bien, oui ! répondit-elle, en levant ses yeux roux ombrés et les plongeant dans les yeux bleus, aux sourcils de velours noir, qui lui souriaient, tout joyeux d'espérance, tout enfantins dans cette figure mâle, avec une nuance d'effronterie douce et de protection de grand seigneur

— Entendu, alors, reprit Jean gaîment... Bonsoir, mademoiselle Madeleine.

Il lui ôta son bonnet, s'inclinant un peu, avec une grâce bien jolie, — et s'en alla, souple, rapide, brûlant le pavé avec une envie de sauter et de courir, allégé de toute l'anxiété de cette première entrevue et de toute la crainte d'être repoussé par cette petite sérieuse. Il l'aimait à présent dix fois plus, et pensait avec ivresse à ce demain qui lui était promis...

8.

XXXIII

— Mon père ?... Il était adjudant de marine. Mais il est retraité à présent... — répondait, un autre soir, sous les mêmes tilleuls solitaires, la même jeune voix grave.

— Et votre maman, vous avez aussi votre maman ? — (Il lui parlait toujours comme à un enfant, mais avec un respect absolu, sans un mot amoureux.)

— Oh! oui... et puis, ma tante Mélanie qui habite avec nous... Le soir où nous revenions de la gare, elle était derrière moi, avec un chapeau gris, vous ne vous rappelez pas ?

Après une minute de silence, elle reprit, anxieuse, intimidée, abaissant ses yeux froncés et s'appliquant, comme à une tâche utile, à frapper l'un après l'autre, de la pointe de son pied, chacun de ces pavés entourés d'herbe triste :

— J'avais bien vu tout de suite, allez, que vous n'étiez pas un matelot comme les autres, monsieur Jean...

— Mon Dieu, en effet... peut-être que non... Pourtant je ne vaux pas mieux pour ça, je vous assure...

Laissant planer un mystère autour de lui-même, il éludait ainsi chaque fois, par une phrase d'insouciance ou de bravade, tout ce qui semblait une question sur sa vie première. Alors, elle imaginait des choses de roman, quelque enfant prodigue, quelque fils de grande famille obligé au silence...

XXXIV

Maintenant ils cheminaient à côté l'un de l'autre chaque soir, — faisant ensemble un trajet de cinquante ou soixante mètres, jamais davantage, — dans le haut de cette même rue sans fenêtres et sans passants, qui s'ouvrait, silencieuse, entre de vieux jardins aux murs blanchis à la chaux. Au-dessus d'eux, les tilleuls de l'allée boutonnaient, fleurissaient, se hâtaient d'épaissir une voûte, et les soirs se faisaient toujours plus longs, plus longs et plus clairs, entraînés vers l'été par la marche du temps inexorablement rapide. Et l'avril s'avançait avec une précipitation qu'ils auraient voulu retenir,

Mais il ne souriait guère, l'avril, à leur amour

sans lendemain probable, qui n'avait toujours que ce cadre fermé et mélancolique et ne faisait jamais que cette même promenade à petits pas sur les pavés blancs bordés d'herbe verte. Et le ciel aussi restait sombre au-dessus de leurs têtes, fermé comme l'étroit décor terrestre, toujours plein de nuées grises, d'où tombaient des pluies bruissantes sur les feuilles nouvelles.

Ils avaient beau marcher lentement tous deux, même sous l'arrosage des ondées qui font courir, le bout de la rue était tout de suite atteint, interrompant leur causerie un peu incohérente, déjà si coupée de silences. Je ne sais quoi de particulièrement éphémère semblait être mêlé à l'essence même de leur amour ; de confuses menaces de fin, et de mort, et d'oubli, planaient au-dessus.

Jean, habitué, lui, à de plus gais printemps, dans sa Provence de lumière, recevait une étrange impression de cet avril frissonnant sans soleil, de cette verdure trop fraîche, sous ce ciel trop noir — où l'Océan proche envoyait ses brises et ses grands nuages. — Cette étape, dans cette petite ville morne, lui rappelait, par certains côtés de calme, son séjour à Rhodes et les soirées où descendait pour lui, aux mêmes heures de pénombre et par des rues également blanches, une jeune fille grecque. Mais à présent la mélancolie était différente, plus grise et surtout plus mêlée d'amour, infiniment plus mêlée d'amour. Il sentait un envahissement de lui-même encore inconnu, et il s'y abandonnait avec son irréflexion d'enfant. Où allait-il ? Qu'est-ce qu'il lui voulait, à cette petite Madeleine ? Il ne le savait guère. Dès le second soir, il avait compris, rien qu'à sa confiance absolue et à sa façon de regarder en face, quelle sorte de fille fière elle était, et que jamais elle ne deviendrait sa maîtresse d'un printemps. L'épouser, il n'y songeait même pas, par orgueil de race et d'éducation première, n'admettant point sa propre déchéance de situation et de fortune, étant devenu un matelot étrange, à ses heures simple et rude autant que n'importe quel autre, s'amusant à l'occasion avec n'importe quelle créature dans n'importe quel bouge, mais, au fond, difficile comme un dandy en fait d'élégances féminines.

Jamais il ne lui avait seulement touché la main. A deux ou trois pas de distance l'un de l'autre, toujours, par continuelle crainte, ils allaient l'oreille inquiète et le regard au guet, se parlant tout bas sans remuer les lèvres, mais se disant des choses que tout le monde eût pu entendre, — et de si enfantines petites choses, et si adorablement vides de sens, qui ne les charmaient que par le son des voix...

Et quand ils avaient atteint le bout de la rue, quand Madeleine lui avait jeté son gentil regard d'adieu, il s'appuyait contre un de ces arbres, pour la voir s'éloigner, tourner et disparaître, dans la rue ouvrière, plus populeuse et plus remuante, où elle habitait. Elle était jolie, même vue ainsi, par derrière et s'en allant; sa taille encore un peu frêle d'enfant tout récemment grandie était droite comme un jonc, avec des épaules bien effacées ; une grâce saine et souple se dégageait de l'ampleur lente de ses mouvements.

Dès qu'elle avait tourné ce coin de rue, il s'en allait, sentant sa vie finie jusqu'au lendemain soir et ne sachant plus que faire de lui-même.

Alors il essayait de rentrer dans sa chambre et d'ouvrir ses cahiers de mathématiques, repris par un peu de raison, un peu d'inquiétude d'avenir.

Mais, est-ce qu'on travaille, les soirs attiédis

de printemps, lorsqu'on a de l'amour en tête?...
D'ailleurs, tout le tentait, sa liberté, sa solitude, jusqu'à ce costume civil, acheté à cause d'elle, — ce costume qui facilitait les entreprises quelconques auprès de certaines belles empanachées, plus accessibles que Madeleine...

Et généralement, il allait finir sa soirée dans les quartiers de plaisir, avec des chanteuses.

XXXV

— Autrefois, du temps que mon père naviguait, — lui contait-elle, — nous étions bien plus à notre aise qu'aujourd'hui, monsieur Jean. Mais, dans la marine, vous savez, dès qu'on est retraité... C'est pourquoi depuis l'an dernier je vais à la couture... Qu'est-ce que vous voulez, me voilà petite ouvrière à présent... Et je vieillirai comme ça, c'est bien probable.

Après avoir prononcé lentement cette dernière phrase hardie, — qui était comme une interrogation posée à Jean sur ses projets vis-à-vis d'elle, — devenue très rose, elle détourna la tête, attendant une réponse de lui qui ne vint pas...

Ce qui ne manqua pas de venir, fut la pluie, obstinée à attrister leurs causeries furtives ; sur les feuilles neuves des tilleuls, on entendit quelque chose tambouriner à petits coups rapides, avec un bruit d'arrosage sur du papier. Jean ne broncha pas, habitué à laisser mouiller son col bleu et son cou nu, toujours, droit et insouciant sous les ondées. Mais elle ouvrit en hâte son parapluie — et lui, remarqua, après ce gentil aveu de pauvreté qu'elle venait de faire, avec quel soin elle abritait son modeste chapeau, toujours le même, et ses gants, toujours les mêmes aussi, raccommodés bien proprement au bout de chaque doigt... Alors il sentit en lui-même comme un élan de pitié et de tendresse subite pour ces pauvres petites choses à elle, dont il lui voyait prendre un soin si attentif, — et cet élan était un indice de tout le chemin que Madeleine avait déjà parcouru, dans son âme, vers les régions profondes où les empreintes se gravent pour faire plus tard souffrir.

— Et moi, dit-il d'une bonne voix franche et gaie, est-ce que vous croyez que je suis riche, mademoiselle Madeleine ?... Autrefois, peut-être un peu, oui..., Il est certain que j'ai été élevé dans une famille... où on ne prévoyait pas faire de moi le matelot que je suis devenu... Mais à présent...

Et il raconta enfin, à cette petite confidente très attentive, son enfance heureuse, puis les examens manqués, la prise du grand col bleu, la vente de la maison d'Antibes — et sa mère exilée à présent à Brest, dans un logis pauvre...

Et, ce soir-là, Madeleine rentra chez elle toute pénétrée d'une immense joie douce. Bien aisément elle avait fait le sacrifice de ses rêves de contes de fée sur le passé de son ami ; elle le sentait tellement plus près d'elle, maintenant ! La possibilité lui apparaissait pour la première fois, la possibilité radieuse de devenir sa femme, avec tout l'enchantement de le voir installé pour toujours au foyer, à la table familiale, et dans certaine belle chambre du premier étage sur la rue, que la tante Mélanie avait de tous temps promis de meubler pour le ménage à venir... Et ses inquiétudes de conscience s'en allaient aussi, ses remords de petite puritaine devant les rendez-vous du soir, — aujourd'hui que tout s'éclairait d'une espérance honnête...

Il avait conté son histoire, lui, dans un de ces mouvements irréfléchis comme étaient tous les siens, et pas plus que les jours d'avant, l'idée de l'épouser ne lui était venue quand il l'avait quittée avec un bon sourire, sur cette phrase : « Un matelot et une ouvrière... Vous voyez, mademoiselle Madeleine, nous pouvons bien nous donner la main, allez !... »

Cependant son attachement sans but pour cette singulière petite camarade, si délicieuse à regarder, continuait de l'envahir, tout en prenant quelque chose de chaste et de tranquille, de presque immatériel. Avec le respect absolu et la conscience des impossibilités, il arrive ainsi que l'amour des sens vive et grandisse en dessous de l'amour de l'âme, dans une sorte de sommeil lourd, jusqu'à ce qu'un rien l'éveille, un frôlement, une pensée dangereuse, un brusque espoir.

Donc, ils en venaient à s'aimer d'une également pure tendresse, tous les deux. Elle, ignorante des choses d'amour et lisant chaque soir sa bible ; elle, destinée à rester inutilement fraîche et jeune encore pendant quelques printemps pâles comme celui-ci, puis à vieillir et se faner dans l'enserrement monotone de ces mêmes rues et de ces mêmes murs. Lui, gâté déjà par les baisers et les étreintes, ayant le monde pour habitation changeante, appelé à partir, peut-être demain, pour ne revenir jamais et laisser son corps aux mers lointaines...

XXXVI

Avril venait de finir, et mai commençait, voilé lui aussi, sombre, agité de vents marins ou de précoces orages. Le quartier désert de leurs rendez-vous s'embaumait de la profusion des fleurs de tilleul, prêtes à tomber et à finir.

Ils étaient déjà de vieux amis de six semaines; ils faisaient des stations sous les arbres, enhardis de ne jamais voir personne, et lui, par coquetterie, osait à présent venir en matelot. Leurs entretiens s'allongeaient comme les crépuscules.

Cependant, des yeux et des oreilles invisibles avaient naturellement tout surpris, depuis bien des soirs. A l'atelier de couture, les autres petites souriaient avec des mines singulières en regardant Madeleine, et, si ses parents n'avaient pas été informés encore, c'était miracle, car tous les voisins savaient.

Un soir, Jean, arrivé le premier comme toujours, aperçut un homme, aux cheveux blonds grisonnants, qui faisait les cent pas et qui, après une minute d'hésitation, vint à lui. Il était droit et d'aspect militaire, boutonné dans une redingote d'un certain drap bleu qui sentait la marine : évidemment quelque « maître » en retraite, s'étant fait de son uniforme d'autrefois un costume civil en enlevant les ors... Jean se souvenait vaguement d'avoir déjà entrevu ce visage, un dimanche, dans la cour de la gare ; mais d'ailleurs il aurait reconnu les sourcils froncés et les longs yeux roux, très ombrés sous l'arcade du front, que ce marin avait légués à sa fille, — avec peut-être son caractère et son âme.

Bien en face ils se regardèrent, ayant tout de suite compris mutuellement qui ils étaient :

— Ah! c'est vous!... dit l'homme, d'un ton sombre et mauvais, entre ses dents serrées.

Pour toute réponse, Jean porta la main à son

bonnet : il se sentait désarmé, respectueux, presque soumis, presque filial, parce que c'était *son père* et qu'il avait des yeux pareils aux siens...

— Allez-vous-en ! — continua l'homme toujours sombre, impératif comme pour une manœuvre à bord, mais avec je ne sais quoi de subitement adouci pourtant dans le regard, — allez-vous-en !... Ce soir, c'est moi qui la reconduirai !

Et Jean s'en alla, sans un mot, après avoir ôté son bonnet très bas... Aucune haine n'avait jailli du croisement de leurs yeux, du heurt de leurs volontés contraires...

XXXVII

Le lendemain, à la Réserve, dans le bureau du *second*, tous les quartiers-maîtres de manœuvre venaient d'être appelés et rassemblés par un sergent d'armes.

Ils avaient flairé de quoi il s'agissait : on demandait l'un d'eux pour aller de bonne volonté en Extrême-Orient et passer un ou deux ans là-bas, à bord d'une petite canonnière, appelée *Gyptis*, sur un de ces fleuves de l'intérieur qui se traînent chauds et lourds, au soleil mortel.

De suite, Jean sentit l'anxiété l'étreindre. C'était ce qui servait le mieux ses projets, ce départ : finir là-bas son temps de service, en faisant les économies nécessaires pour passer ensuite une année à Brest, comme élève du cours d'hydrographie. Son devoir était de partir...

Cependant, l'image de Madeleine s'étant présentée douloureusement à lui, il attendit, avec remords, il recula de faire la demande grave, espérant que quelque autre parlerait...

Personne. Silence intimidé où se mêlait un peu d'effroi. D'ailleurs les matelots, interrogés indirectement et en masse, ne répondent jamais :

— Moi, capitaine, je partirai, — dit-il enfin; tout bas et en tremblant.

— Vous, Berny, cela vous va ? — répondit le *second*. — Soit ! sauf décision contraire de l'Amiral, vous êtes désigné pour l'Extrême-Orient.

Et il le rappela pour ajouter ceci, qui était plus terrible que tout :

— En fait de permission, vous savez... je crois bien que... — Et le ton signifiait nettement : vous n'en aurez pas. — On a demandé cette désignation par urgence et, si je ne me trompe, vous partirez avec le détachement de demain pour Toulon...

Il sentit son cœur battre plus vite et le sang bourdonner à ses oreilles. Il fut sur le point de dire : « Oh ! non, alors, cherchez-en un autre, je retire ma parole... » Mais il n'osa pas. — D'abord, c'était tellement son devoir, de partir ! — Et puis, il avait dans l'âme son inconscient fatalisme, qui lui faisait tout de suite baisser la tête, au premier signe de la Destinée, — et enfin, très matelot en cela, il sentait toujours une sorte de mutisme spécial lui fermer les lèvres devant ses chefs quand il ne les connaissait pas. Il fixa seulement sur l'officier ses yeux agrandis par une subite angoisse, répondit : « Bien, capitaine ! » et sortit, avec l'air d'un homme qui a reçu à la tête un coup de masse.

De permission, il n'en eut point, en effet. Aux marins qui vont partir on en donne presque toujours de plus ou moins longues suivant les campagnes auxquelles ils sont destinés ; mais dans les cas d'urgence on les supprime.

Le soir même, envoyé à la caserne, son sac complété, sa comptabilité prête, il fut consigné là jusqu'au départ, avec les huit autres qui s'en allaient aussi. Au crépuscule, sous les arcades de la cour, ils s'appelaient, se réunissaient, se dévisageaient. ces hommes englobés dans le même coup de filet imprévu, qui devaient partager là-bas, si loin, le même exil et les mêmes fatigues. Pas de permissions, pas d'adieux aux parents, c'était la seule chose qui leur paraissait dure. Cependant, deux ou trois chantaient. Mais un autre, un tout jeune, pleurait.

Sa mère ! Jean pensait à elle avec un attendrissement profond ; son regret était lourd et oppressant, de ne l'avoir pas embrassée... Mais c'était pour elle qu'il partait, pour leur avenir à tous deux ; c'était un peu l'acte expiatoire de sa vie, cette campagne, qu'il avait demandé de faire. Alors, se sentant la conscience bien en repos à son sujet, il s'était presque apaisé le cœur par une bonne lettre qu'il venait de lui écrire.

Tandis que Madeleine ! Partir ainsi, dans l'impossibilité absolue de lui parler, de lui faire dire un mot par quelqu'un, de seulement l'apercevoir... Lui écrire ?... Mais lui écrire quoi ; lui demander de l'épouser ? Oh ! toute son âme l'y poussait, décidément, bien qu'elle fût une petite ouvrière pauvre... Mais ce serait presque se river pour la vie au grand col bleu des matelots, que faire un tel mariage; surtout ce serait finir de briser les espoirs de cette mère, qui rêvait tant un relèvement de situation pour lui par la dot de quelque gentille jeune fille provençale, — plus tard, quand il sera capitaine. — Alors, que faire ? puisque tout le reste était défendu, puisque à présent il y avait son père à elle, entre eux deux, et toutes les conventions humaines — contre lesquelles il se révoltait pourtant ce soir, dans l'élan d'un envahissant amour...

Des lettres de simple adieu, bien douces, il en commença deux pour Madeleine, qui furent presque aussitôt déchirées. Par qui les lui faire parvenir d'ailleurs; chez ses parents, pourrait-elle les recevoir ?... Et se dire qu'elle était là, si près ; peut-être, à cette heure même, rentrant chez elle par les rues familières, angoissée, seule, cherchant des yeux celui qu'elle ne verrait jamais plus...

A la fin, le soir très tard, il pensait qu'il vaudrait mieux ne lui écrire que de Port-Saïd, ou d'une des premières rades étrangères, une bonne lettre dont son père lui-même ne se fâcherait pas ; les lettres timbrées de loin ont plus de chance d'être accueillies, parce que celui qui les a écrites est moins redoutable et peut si bien ne jamais reparaître...

Ne pas écrire, remettre à une époque plus lointaine, cela découlait, du reste, de cette inertie, de cette continuelle attente fataliste qui formaient un peu le fond de son caractère, — avec l'entêtement ensuite dans des décisions quelconques, une fois qu'elles étaient par hasard prises... Pourtant sa détresse, ses remords étaient grands ; — et aussi son amour : il ne l'avait jamais senti pareil.

Le lendemain, il se retrouva dans cette gare où il avait vu Madeleine pour la première fois. Il prenait, avec ses nouveaux camarades, le train de Toulon, pour commencer un de ces incertains et dangereux voyages, dont la perspective rend un peu solennels à entendre les coups de sifflet du départ.

Et, au premier ébranlement des roues, il se pencha, avec une tristesse intime, vers la portière, pour regarder s'éloigner la petite ville murée où il était entré, quatre mois auparavant, avec tant d'indifférence.

XXXVIII

A travers la mer des Indes, la *Circe* s'en allait rapide et doucement balancée, toute blanche de toiles sous une incandescente lumière, entre deux infinis très bleus, laissant derrière elle, comme une longue queue, son éternelle traînée bruissante, qui étincelait de soleil.

Port-Saïd était dépassé depuis bien des jours, Aden également, et la lettre de Jean pour Madeleine n'avait pas été écrite. Quand il se disait, se connaissant bien, que cela finirait peut-être comme pour l'autre, pour la rieuse et la libre fille de Québec, il éprouvait un très pénible mécontentement de lui-même, surtout en se la rappelant si confiante, si confiante et si pauvre. Au souvenir des gentils aveux de misère qu'elle lui avait faits, au souvenir seulement de certains détails de sa toilette, de ses modestes robes qu'elle abritait avec tant de soin contre la pluie, de ses petits gants, qui étaient si laborieusement raccommodés, il se sentait pris d'une de ces pitiés infiniment tendres qui sont une des manifestations du grand amour pur, et il se faisait le serment de lui écrire aussitôt arrivé là-bas... Mais, puisqu'il n'était pas du tout décidé à l'épouser, c'était si embarrassant, cette lettre !...

Il avait aussi des heures de complet oubli, grâce au rire joyeux des autres, ou à l'influence du grand néant charmeur et mortel d'alentour...

Cette *Circé* devait, en passant, le déposer à l'embouchure du Fleuve Rouge, avec les autres marins destinés à l'équipage de la *Gyptis* ; c'était une corvette un peu ancienne, un peu fatiguée de courir, qui avait encore de grandes voiles comme jadis et qui s'en allait, pour la dernière fois de sa vie, en station dans les mers de Chine.

Précisément la majeure partie d'un équipage de la *Résolue* avait été versée à bord, et Jean se retrouvait ainsi avec Le Marec et Joal, ses deux grands amis, et avec quelques autres qu'il aimait aussi ; alors, tout de suite, leurs amitiés s'étaient resserrées.

Le Marec, aujourd'hui second-maître, s'était marié, à la suite d'un irrésistible coup de foudre, huit ou dix jours avant de partir. Économe à présent il n'avait plus qu'un but : atteindre sa retraite et aller vivre auprès de sa femme, du côté de Binic, dans une maison qui aurait un jardin. Ses façons semblaient déjà graves ; la mer lui avait fait du reste une figure d'une couleur foncée et d'un premier aspect farouche, sur ses tempes, quelques cheveux blanchissaient ; ses trente et un ans et sa largeur excessive lui donnaient vis-à-vis des autres un air de père.

Joal, lui, qui était dans la mousqueterie, représentait le type du serviteur irréprochable, sans but et sans rêve ; sa petite imagination n'avait pas résisté au joug prolongé de la discipline. La vie se résumait pour lui à la stricte observance du *tableau de service* : à telle heure, blanchir telles planches avec du sable ; à telle autre, faire reluire, avec du tripoli, certaines ferrures ou certains cuivres, sans jamais discuter en lui-même l'importance de ces actes. En dehors de cela, resté bon cœur, capable d'affection, de dévouement et de larmes.

Les autres, de la bande de Jean, étaient d'assez gentils enfants simples, qui riaient beaucoup, et qui, à l'occasion, rêvaient pas mal aussi, mais sans savoir comment s'appelait ce passe-temps silencieux.

Et le soir, à l'heure charmante où, sur le gaillard d'avant, on écoute des histoires et des chansons, ils se formaient en petit groupe très uni, puis finissaient tous par s'endormir côte à côte, à la belle lune bleuâtre, ou à la belle et brillante étoile.

En route, Jean s'était déjà senti troubler, dans les plus mystérieux dessous de son âme, par mille choses que ses amis avaient aperçues d'une façon bien plus confuse ou avec infiniment moins de profondeur : les sables, les mirages de la mer Rouge, et, chaque soir, la terrible splendeur apocalyptique de son soleil de sang; le Sinaï qui, dans le lointain, avait passé, ardent comme une braise, sur un ciel tout en or; la patrie arabe, là, tout près, — et si bien devinée !

Et, en avant de lui, restait l'inquiétude attirante, l'énigme de cet Extrême-Orient jamais vu.

XXXIX

Là-bas, maintenant, tout à fait là-bas. Il était arrivé.

Il voyait devant lui, bien réelle, la petite canonnière qui l'avait par avance tant fait songer. Dans une atmosphère accablante où le moindre mouvement faisait perler la sueur au front, elle se tenait immobile sur un fleuve, amarrée près de la berge, parmi des roseaux... *Gyptis!* il lisait, en lettres jaunes bien nettes sur son arrière noir, ce nom qui l'avait poursuivi tout le temps du voyage, un peu comme un nom fatal et de mauvaise magie.

C'était là son poste de mouillage et, par conséquent, ce petit recoin du monde allait être, pendant dix-huit mois, la résidence habituelle de Jean. On les avait amenés là le soir, les nouveaux marins de la *Gyptis*, à cet instant court et enchanteur qui suit l'accablement du jour et qui précède la nuit. Le long de ce fleuve, dont les eaux n'éveillaient même pas l'idée de fraîcheur, il y avait un village perdu ou plutôt une route sous des arbres; une route bordée de quelques petits portiques, qui menaient à des habitations enfouies dans des verdures. A un tournant proche, tout finissait dans l'ombre d'un bois inquiétant.

Pendant leur longue traversée, toujours sur les planches de leur navire, ils n'avaient rien pu voir qui les préparât aux violences d'un tel inconnu. Leurs sens en étaient impressionnés tous à la fois et Jean en oubliait de respirer. D'ailleurs les poitrines, d'elles-mêmes, soufflaient plus mollement, comme dans une étuve très chaude où les vapeurs seraient musquées. La terre était rouge, rouge comme la sanguine ardente, et les feuillages étalaient partout une telle exagération de vert, qu'on les eût dits enluminés de précieuses couleurs chinoises; même dans le crépuscule envahissant, ces nuances éclataient; ce vert des arbres et ce rouge du sol semblaient devoir persister, malgré la nuit, par leur excès même. Les petits portails, qui menaient aux maisonnettes enfouies, étaient tout cornus, affectaient de vagues contournements de bêtes; ils avaient d'ailleurs des airs de se cacher, de se sentir mal à l'aise, sous cette verdure morne et éternelle, écrasante pour les hommes, victorieuse de tout. Des personnages, pour qui ce décor était naturel, passaient, vaquant à leurs étranges petites affaires; ils avaient des yeux bridés dont les coins extrêmes se relevaient; leur peau jaune empruntait à la terre un éclat rougeâtre; ils marchaient, souples et sans bruit, les pieds nus ou chaussés de semelles en papier. Les animaux domestiques, qui paraissaient sur les portes, les oiseaux, qui se couchaient dans les branches, les moindres fleurs au bord du chemin, disaient aux nouveaux venus dans quel grand lointain hostile ils venaient de pénétrer.

Du reste, ce petit monde, enfermé sous son suaire d'arbres et séparé de tout, ne s'étonnait pas d'être ainsi, mais plutôt de voir qu'il était possible d'être autrement. Les promeneurs teintés de safran, qui sentaient le musc et la sueur, adressaient aux matelots, en passant sans détourner la tête, de vagues sourires d'ironie, que ceux-ci leur rendaient ; ils se sentaient profondément inconnaissables les uns les autres. Des filles seules, les matelots s'occupaient avec une demi-gravité, parce que, dans l'espèce humaine, les sens ne s'arrêtent pas aux barrières qui séparent les races.

En somme, quelque chose de moqueur, mais de sinistre surtout, était dans l'accueil de cette région de la terre, qui avait mis des siècles à modeler ses frêles habitants jaunes à sourires de chat, et qui se sentait capable de continuer à anéantir tant d'hommes blancs, sous ses miasmes et sa torpeur...

XL

. . . .

Près d'une année que Jean était là. Ses joues avaient jauni comme celles des petits personnages félins d'alentour et ses forces musculaires avaient décliné beaucoup.

Il avait essayé de travailler, pendant ses loisirs de la *Gyptis;* mais cette continuelle chaleur d'étuve, qui ne cessait ni jour ni nuit, causait une fatigue particulière, autant intellectuelle que physique, et il était resté pendant des heures devant ses chiffres, ses formules, incapable d'application, se sentant le cerveau vide.

Et les pauvres petits cahiers de collège, de plus

en plus inutiles, remplis de choses qui de plus en plus lui échappaient, avaient beaucoup vieilli d'aspect, attaqués par la moisissure, par les fourmis blanches, par la légion des infiniment petits, dont les moyens destructeurs sont mille fois plus rapides, en ces pays de mort.

Mais un grand acte avait été accompli dans son existence Elle était enfin écrite et partie, cette lettre pour Madeleine, qui depuis si longtemps le torturait à ses réveils. Dans sa tête déjà touchée par les influences mortelles de l'air, la petite figure délicieuse avait peu à peu pris une place souveraine; il en était venu, à force de solitude et de nostalgie, à vivre dans un tel rêve de France, et de France *avec elle*, qu'il avait tout admis, qu'il s'était résolu à cette seule chose possible : l'épouser.

Cela compliquerait l'avenir, assurément; cela rendrait bien plus difficile ce retour à Antibes — qui restait le but de sa vie, malgré des défaillances et des oublis dans le plan d'exécution... Mais, une fois qu'elle serait là-bas en Provence, se douterait-on jamais de son passé d'ouvrière, quand on la verrait si jolie, si distinguée, si charmante à son bras...

Ce qui l'épouvantait depuis quelque temps, c'est que ce retour, ce rêve suprême d'une rentrée à Antibes avec Madeleine et sa mère, lui apparaissait dans un lointain qui, au lieu de se rapprocher, fuyait toujours ; vraiment ce rêve semblait de moins en moins réalisable ; on eût dit qu'il allait s'éteindre, d'une mort infiniment lente, sous toute cette verdure ennemie, sous toute cette incessante pluie chaude, dans cet air trop chargé de parfums... Et un jour, tout à coup, il s'était senti pris d'une angoisse, d'une angoisse déjà un peu maladive d'exilé et d'anémié, à l'idée que Madeleine avait dix-neuf ans, que depuis dix ou douze mois, se croyant abandonnée, elle avait si bien pu se promettre à un autre. Alors, vite, vite, il avait pris cette décision qui traînait depuis le départ ; dans la fiévreuse inquiétude de manquer un courrier qui allait passer, il avait écrit à sa mère et au père de Madeleine.

Sa mère, il la suppliait d'intervenir elle-même tout de suite et de demander formellement pour lui cette petite fiancée.

XLI

Et la lettre de son fils était si jolie, si irrésistiblement touchante, qu'elle s'était hâtée d'écrire, malgré son effroi devant cette ouvrière qui surgissait, si inattendue, entre elle-même et lui ; qui consacrait l'effondrement de tous les rêves et la définitive déchéance.

Elle avait écrit, il est vrai, une lettre de *dame* qui croit faire grand honneur à ceux à qui elle s'adresse ; mais elle avait formellement demandé la main de Madeleine pour son fils, qui, avant six mois, serait de retour.

Ensuite, dès le surlendemain, elle s'était mise à attendre anxieusement l'arrivée du facteur, souhaitant en elle-même, après avoir fait tout ce que lui commandait sa conscience, que cette Madeleine fût déjà mariée, partie, morte, disparue d'une façon quelconque...

XLII

La semaine suivante, une réponse arriva, écrite sur un mince papier de pauvre par une main inhabile de femme, — l'autre mère sans doute; réponse sèche et méprisante, en très peu de lignes :

Les parents de Madeleine *croyaient se souvenir*, en effet, de ce jeune homme, qui avait eu une façon si légère de se conduire avec leur fille. Mais c'était presque arrangé qu'elle épouserait bientôt un maître-commis de la Flotte : elle-même était *assez consentante* à ce mariage, de sorte qu'on n'avait pas cru devoir l'informer de cette demande nouvelle. Elle n'était d'ailleurs pas d'une condition à être donnée à un simple quartier-maître.

Au lieu de la joie que la mère de Jean s'était promise d'un refus, voici qu'elle se sentait non seulement blessée, mais attristée jusqu'au fond de l'âme : son fils, son bien-aimé, repoussé en de tels termes, quand il offrait toute sa vie !...

En y repensant nuit et jour, elle croyait voir à présent une sorte d'enchaînement funèbre dans tous les coups de la Destinée, qui s'acharnait contre son Jean. Était-il vraiment si peu de chose, son fils, pour qu'une petite fille du peuple le refusât ainsi !... Quelle chute, mon Dieu, après les rêves d'autrefois, les rêves qu'elle-même et le pauvre grand-père disparu faisaient ensemble autour de la tête bouclée du petit enfant !...

D'ailleurs, en relisant sa lettre, à lui, elle comprenait de plus en plus que c'était très profond, cet amour, qu'il en souffrirait beaucoup...

Lui écrire ce refus, lui causer tant de peine, là-bas dans son exil !...

A quoi bon, puisqu'il allait revenir ? Non, elle décida qu'elle ne le ferait point ; elle pourrait bien feindre de n'avoir pas encore reçu sa demande, et, par le courrier prochain, lui dire des choses quelconques, sous cette enveloppe qui serait la dernière adressée à bord de la *Gyptis*.

Et puis, des anxiétés qu'elle n'avait encore jamais connues s'ajoutaient à la souffrance de cet affront : son Jean avait eu quelques atteintes des mauvaises fièvres de là-bas ; depuis un séjour qu'il s'était vu forcé de faire à l'hôpital de Hanoï, il n'avait pas pu lui cacher cela. Or, dans sa propre maison de Brest où habitaient d'autres familles de marins, elle venait de voir rentrer, de ces colonies, deux petits soldats tout jeunes, qui, par lettres, ne s'étaient pas avoués très malades, mais qui avaient des mines, oh! mon Dieu, des mines d'enfants bien perdus. Jamais elle ne s'était sentie si abandonnée, si seule dans son inquiétude — qu'elle ne voulait pas confier à d'autres mères par superstitieuse frayeur. Du sombre, du noir glacé descendaient sur elle comme un enveloppant manteau... Prier, de temps à autre l'idée lui en venait bien ; mais elle ne pouvait plus. Elle avait eu, pendant ses années jeunes, des élans d'une foi ardente, un peu italienne, un peu idolâtre, peut-être. Aujourd'hui, non, c'était fini, — moins par incrédulité que par sourde révolte contre tant de déceptions et de malheurs accumulés. Il y avait un voile entre le Christ, la Vierge, si indifférents en haut, et elle-même, si déshéritée en bas; et toute son adoration, elle l'avait reportée sur son fils. Malgré deux saintes images, venues de la maison de Provence et accrochées ici à la muraille de sa chambre, elle ne priait plus jamais, n'entrait plus dans les églises, vivait maintenant d'une vie plus muette et plus révoltée, — et se concentrait dans la pensée unique, obstinée, torturante et délicieuse — de l'attendre.

XLIII

Et Madeleine, dans la petite ville où sa vie, sans doute, allait continuer de s'écouler monotone, l'oublierait-elle bientôt, son ami, une fois mariée à quelque autre ?....

Ou bien, qui sait, dans la suite de ces printemps qui finiraient par la flétrir, en regagnant son logis, aux crépuscules de mai, par ces rues toujours les mêmes, par cette avenue de tilleuls toujours solitaire, serait-elle hantée du souvenir de Jean et de son image, lente à disparaître; reverrait-elle quelquefois, à la tombée des soirs attiédis, sous l'obscurité des verdures renouvelées, une ombre adossée aux troncs de ces arbres continuellement pareils, — l'ombre jeune de celui qu'elle avait aimé ?...

XLIV

La *Gyptis,* après tant de voyages à travers les eaux chaudes du fleuve, contre ses courants rapides, se tenait une fois de plus à son poste habituel, dans les roseaux, en face du village perdu.

Et maintenant, c'était pour Jean l'heure de quitter ce pays.

Par un soir immobile, pareil au soir qui, dix-huit mois auparavant, l'avait vu arriver solide et fort, il s'en allait à pas ralentis, vers une voiture, appuyé au bras d'un autre marin, retournant son visage pâle du côté de la canonnière pour dire adieu, d'un signe de tête ou d'un sourire, à ceux qui restaient.

C'était bien le même instant crépusculaire que pour sa venue, la même surprenante enluminure du sol rouge et des feuillages verts ; les mêmes senteurs ; les mêmes passants jaunes qui, avant de s'enfoncer dans leurs maisonnettes sous les branches, tournaient silencieusement, une dernière fois, vers celui qui s'en allait, leurs petits yeux énigmatiques. Dans l'humidité odorante, sous les arbres oppressants, c'était toujours la même vie chaude et languide, si éloignée de la nôtre. Et toutes ces choses, qui regardaient Jean partir, semblaient conscientes d'avoir une fois de plus soufflé la mort sur quelqu'un de France...

Les derniers temps, avec cette fièvre rebelle, profonde, qui recommençait à intervalles inexorablement réguliers, la dysenterie lui était venue, tout de suite grave.

Et ce mal ne suit aucune marche qui puisse être prévue ; tantôt il choisit les plus forts et épargne les plus frêles, ou inversement ; tantôt il finit de tuer en peu de semaines, tantôt en plusieurs années. Quelques-uns repartent pour la France à peine touchés, pourrait-on croire ; mais le mal tout doucement continue de les ronger, et, au bout de

dix ans, de vingt ans, les achève. Tandis que
d'autres, qui étaient bien moins vigoureux et qui
semblaient plus pris, on ne sait pourquoi, gué
rissent.

Deux des matelots partis de France avec Jean
étaient morts au bout d'une année. Il s'en allait
très atteint, lui, le visage creusé, parcheminé ; au
moindre effort et même rien que pour marcher un
peu, ses membres se couvraient d'une sueur.

Et de temps en temps, à ses réveils, il avait eu
l'impression — vite chassée, il est vrai — que
c'était peut-être bien tard ce retour...

XLV

A Saïgon, au même moment, ils étaient nombreux à rapatrier, les soldats ou les marins de la station locale ayant fini leur temps de colonie. Et, en plus, tout l'équipage de cette *Circé*, qu'on avait désarmée là pour servir de ponton dans le fleuve. Alors, par mesure d'économie, on avait mis beaucoup de monde sur une certaine *Saône*, qui avait de grandes voiles et devait rentrer par la route ancienne en contournant le cap de Bonne-Espérance.

Jean avait demandé et obtenu de revenir par cette *Saône*, pour éviter les accablements de la mer Rouge; surtout pour se retrouver avec Le Marec,

Joal, Kerboulhis, tous les amis de la *Résolue* et de la *Circé*.

Ceux-là aussi, du reste, avaient été un peu frôlés par le même mal, mais bien moins, et il y paraissait à peine ; — c'est que, pendant ces dix-huit mois, ils avaient beaucoup vécu en pleine mer, tandis que lui, tout le temps dans les fleuves et les marécages, sous les malsaines verdures...

XLVI

... Le vent de la mer d'abord lui avait fait du bien et l'espoir lui était entièrement revenu. Tant qu'on fut dans les alisés de l'hémisphère nord, il put se tenir à demeure sur le pont, assis à l'ombre, respirant la bonne brise, s'intéressant à la manœuvre et causant avec des amis.

Mais on arriva bientôt dans les calmes lourds, dans les humidités molles et les grandes pluies de l'Équateur. Alors, malgré les soins d'à présent, un affaiblissement subit l'obligea de rester couché, en bas, dans l'infirmerie.

Il eut d'abord ces stupeurs incrédules des très jeunes, des très vigoureux, qui hésitent toujours à admettre comme possibles pour eux-mêmes la maladie et l'épuisement mortels. Là-bas, sur la *Gyptis*, il lui avait si bien semblé qu'une fois sorti de l'étuve chinoise, il suffirait d'un peu d'air marin et de la joie du retour pour le guérir... Mais non, rien n'y faisait plus... Est-ce que vraiment il se serait mis en route un peu tard !...

Mon Dieu ! et cette lenteur dans la marche, ces immobilités presque constantes ! — Elle ne soufflerait donc pas, la brise !..., on ne les allumerait donc pas, les feux de la machine !...

Et, pour la première fois, un jour, au réveil particulièrement lucide et angoissant d'un sommeil de midi, l'irrémédiable lui apparut ; au sortir de ce sommeil, il reprit conscience de lui-même dans une secousse d'épouvante, comme devant un gouffre vide, un néant immense où il se serait senti près de tomber...

Souvent, auprès de son lit, ses amis de l'ancienne *Résolue* venaient s'asseoir ; Le Marec surtout et Joal lui consacraient leurs heures de repos. Il les aimait bien, il les remerciait, il se laissait parfois distraire par eux, et il trouvait à leurs vêtements de toile la bonne senteur du plein air d'en haut... Mais comme elles comptaient pour peu de chose, à l'approche de la grande fin, ces affections-là !... Oh ! non, c'était sa mère qui résumait tout et qui était tout ; sa mère, qu'il appelait du fond de l'âme, et après qui il languissait affreusement...

Et toujours pas de brise !... Toujours le calme merte, toujours l'accablante buée chaude où s'en allaient, s'en allaient ses forces, comme dans un bain maure trop prolongé. A côté de lui, d'autres malades déclinaient aussi, petits soldats de vingt ans, rongés de dysenterie, aux figures terreuses et aux corps de squelettes...

Indéfiniment se prolongeait pour eux ce supplice imprévu, d'être bercés sur place, de ne pas avancer.

XLVII

Cependant, vers le matin du dixième jour, ces inerties des choses commencèrent à prendre fin.

Une brise se leva, imperceptible d'abord, mais grandissant toujours, dans un ciel moins violent et plus semblable au nôtre, où couraient des petits nuages cotonneux d'une teinte très douce. Elle était tiède, cette brise, mais si vivifiante qu'elle semblait fraîche; jusqu'au fond du navire, dans l'hôpital aux senteurs de fièvre, elle entrait peu à peu, par les longues manches de toile tendues pour l'aspirer, et les malades la recevaient avec un bien-être délicieux. C'était l'Alisé austral, et c'était le ciel éternellement pareil des tropiques;

la *Saône* avait atteint cette région invariable, et le même souffle régulier allait, pendant des jours et des nuits, la pousser vers le grand cap.

En bas, sur son lit, Jean avait conscience de tout ce qui se passait au-dessus de lui, à l'air et au soleil. Les sifflets d'argent, qui s'étaient tus pendant ces longs jours mornes, s'en donnaient à présent à cœur joie. Et son oreille affinée de malade percevait tous leurs sons clairs, tantôt traînants, tantôt brefs, ou modulés en trilles d'oiseau : il saisissait le sens de leur musique aussi facilement qu'il eût compris une langue familière ; il devinait tout ce qu'on faisait dans la mâture, tout ce qu'on tendait de toile au bon vent nouveau. La vitesse augmentait d'heure en heure, et on sentait comme un allégement de tout ; même l'eau marine semblait s'être faite légère, elle si lourde et si dure quelquefois, quand le vent est debout et la houle mauvaise ; aujourd'hui, elle courait dans le même sens que l'Alisé et que le navire, et alors, contre ces petites murailles courbes de l'hôpital, si souvent heurtées en bélier par les houles ralentissantes, Jean n'entendait plus que des frôlements atténués et rapides, des sautillements d'embruns, de joyeux bruits d'écume... En plus du réel bien-être physique que ce vent répandait dans les poitrines, il apportait aussi aux pauvres épuisés un peu d'espérance. Et à mesure que la *Saône* élargissait l'envergure de ses ailes, les yeux de Jean fixés sur de moins lointaines apparitions de France, reprenaient presque toute leur expression de vie qu'ils avaient perdue... Oh! la bonne vitesse! oh! aller vite, vite, se sentir à présent courir et voler, à travers ce désert des eaux — dont l'immensité effroyable le séparait de sa mère... Si pourtant ses jours comptés pouvaient se prolonger un peu ; s'il pouvait vivre encore six ou sept semaines, dans cet air meilleur qui déjà lui rendait la force !... Mon Dieu, on ne sait jamais, avec ces maladies étranges qui traînent quelquefois bien plus qu'on ne pense. Encore six ou sept semaines, on arriverait ! Et vraiment, de plus en plus, cela lui semblait possible, presque assuré même, de revoir le pauvre logis de Brest, qu'il aimait à présent de tout son cœur, et d'embrasser encore sa mère, et de l'avoir à son chevet, et de lui tenir les mains à l'heure de la grande épouvante...

Le soir, à l'instant délicieux qui suit le coucher du soleil, il n'y tint plus ; il se sentait mieux, tout à fait mieux, et, pour aller se mêler aux vivants qui respiraient là-haut l'Alisé pur, il se leva ; il baigna son visage dans de l'eau fraîche, prit des vêtements de toile tout propres, et commença de monter, en se traînant dans les échelles comme un lent fantôme. C'était fini de sa grande force, qui avait été son seul bien terrestre ; dans ses bras de matelot grimpeur, si musculeux autrefois, quelque chose d'un peu ferme persistait pourtant, que la maladie n'avait pas détruit, et il s'en servait pour se hisser, s'accrochant à tout, tandis que ses jambes, vaincues les premières, faiblissaient sous le poids de son corps.

Enfin sa tête émergea au grand air ; comme au sortir de quelque tombeau, ses yeux charmés revirent l'espace, les voiles gonflées de vent, et le ciel profond qui s'étoilait.

Enlevée par l'Alisé austral, la *Saône* volait comme un grand oiseau nocturne aux ailes blanches. La vitesse, la bonne vitesse, qui rendait l'espoir ! Et le premier souffle suave, la première bouffée d'air vif et libre qui, au débouché de ce panneau, passa sur sa tête, apporta à Jean une musique joyeuse ; un chant qui, d'en bas, s'entendait à peine, mais qui, là, semblait tout à coup s'enfler, éclater en salut, pour sa réapparition au milieu des matelots ses frères. C'était toujours la chanson du « *Vieux Neptune* », toujours le même chœur facile et léger, indéfiniment recommencé aux mêmes heures des soirs ; sur l'infinie solitude de silence, à peine bruissante des frôlements de l'eau, la *Saône* dans sa course semait cette musique en traînée joyeuse, en long sillage sonore mais perdu, qu'aucune oreille n'était là pour recueillir.

Les yeux de Jean, déjà déshabitués de tout, après avoir en une seconde, repris conscience de l'espace immense, s'occupèrent de l'envergure des ailes du navire, éployées et tendues : grandes choses dentelées, toutes blanches dans la diaphane nuit bleue, et qui semblaient remplir l'air, encombrer le ciel de leur assemblage extravagant et instable.

Blancs aussi, dans leurs vêtements de toile, étaient tous ces choristes qui chantaient ; les uns entassés par terre, en mille attitudes de bien-être et de repos ; d'autres, étagés, en pyramide d'apo-

11.

théose, sur l'échafaudage de chaloupes et de canots qui s'élevait au milieu du pont, — et d'autres enfin, groupés encore plus haut et plus loin, là-bas, sur les passerelles suspendues ;

Vieux Neptune, roi des eaux...

chantaient, dans la claire nuit d'étoiles, les choristes immobiles et couchés. Le refrain alerte de la chanson revenait sans cesse, repris nonchalamment, comme en demi-sommeil, par des voix aux vibrations jeunes atténuées d'une sourdine de rêve. Et tout cet édifice d'hommes blancs et de voiles blanches s'en allait, penché et oscillant, comme une chose fantastique prête à s'engloutir ; s'en allait vite, vite, courait, fuyait à travers les transparences nocturnes, avec des balancements doux et, de temps à autre, des petites secousses d'ensemble, comme des trémoussements d'unanime joie...

Le pauvre échappé d'en bas, déjà frôlé par la mort, s'émerveillait, lui, comme d'une chose nouvelle, de cette féerie des beaux soirs, qu'il avait oubliée. Tout ce qu'il avait aimé dans son métier de mer s'étalait là, une dernière et suprême fois, à grand spectacle, devant ses yeux prêts à s'éteindre. Charmé et grisé, avide encore de vivre comme vivaient ces autres jeunes autour de lui, il s'avançait, très faible, épuisé, avec un vertige toujours croissant, et cherchait, parmi tant de formes blanches, le groupe ami, les Marec et les Joal, pour s'asseoir comme autrefois au milieu d'eux.

Précisément ils étaient là tout près, et ils s'arrêtèrent de chanter parce qu'ils venaient de le reconnaître; ils regardaient son visage si rapidement changé, dont la maigreur pâle s'exagérait encore à la vague lumière du soir.

— Oh! c'est toi, mon fils ! dit Marec (un de ces grands aînés, qui sont les vieux du bord, qui prennent des airs très âgés avec leur carrure trop massive et leur teint trop hâlé, et qui ont dans les trente ou trente-cinq ans). Faites-lui une place, donc, vous autres, faites-lui une place, à Berny!

Autour de lui, on se taisait pour lui arranger une petite place commode, tandis que le chœur interrompu continuait d'être chanté, toujours avec le même insouciant entrain, à quelques pas plus loin.

On apporta une toile pliée en quatre, pour que les planches fussent moins dures à ses membres amaigris, et il se laissa tomber entre les mains qui lui étaient tendues, à bout de forces, sentant venir une sorte de tremblement de mauvais et sinistre aloi.

— Appuie-toi, dirent les deux plus proches, offrant leur épaule ou leur poitrine en fauteuil au mourant.

Et puis, quand ils l'eurent bien *calé*, ils reprirent le « *Vieux Neptune* », au refrain, et Jean se trouva englobé dans le chœur, éprouvant une sensation momentanée de bien-être, — ou plutôt de moindre souffrance. — à se retrouver couché. Tête renversée, il regardait maintenant de bas en haut les choses féeriques : lentement bercés par le roulis, les groupes humains aux tranquillités et aux blancheurs de statues, avaient, dans tout ce bleuâtre de la nuit, des imprécisions de rêve, et, sur le ciel poudré de constellations australes, se découpait la haute voilure blanche, balancée plus amplement à son faîte, mais balancée avec tant de douceur qu'on l'eût dite immobile, parmi des étoiles tout à coup déséquilibrées et vascillantes.

Et les chanteurs jetaient, dans le vent suave, des notes faciles et claires qui semblaient s'envoler.

Au milieu de cette transparence sans nom, qui était de la nuit sans être de l'obscurité, ce navire si largement voilé, emportant tous ces matelots blancs qui ne remuaient pas, n'avait plus l'air réel. Cette musique, cette monotonie des voix berçantes et fraîches, et cette continuelle oscillation de tout, et cette fuite si rapide, si aisée, si légère, ajoutaient encore à l'impression d'immatérialité qui se dégageait des images perçues par les yeux... Plutôt on eût dit quelque grande vision chantante que l'Alisé promenait follement — dans ces régions sans contours, sans bornes, et vides à l'infini...

Mais Jean ne le vit pas longtemps, le beau spectacle magique dont sa tête au déclin s'émerveillait encore. La fraîcheur délicieuse de la nuit qui vivifiait les autres, hâtait en lui la désorganisation mortelle. Dans sa poitrine, dans ses entrailles, dans ses membres, une sourde anxiété commença, et devint tout de suite de l'angoisse.

Puis ses jambes et ses bras se prirent d'une inertie atroce avec un fourmillement profond comme quand on s'est engourdi dans une position fausse ; et cela gagnait, d'abord les reins, puis le thorax, puis le cou ; cela semblait une mort progressive, qui montait par étapes, vers la tête encore pensante et lucide ; cela vint jusqu'aux lèvres qui se crispèrent et, quand il voulut appeler à son secours les amis qui chantaient, sa bouche demeura roidie et fermée ; un son sortit seulement, inarticulé, affreusement triste à entendre.

Ils eurent peur de ce pauvre cri de détresse, qui semblait déjà venir de l'abîme. Marec, tout de suite penché tendrement sur lui, aperçut la contraction des lèvres et la vie suppliante des yeux. — Alors, pour le recoucher sur son petit lit, à trois ils le descendirent, avec des précautions infinies et des paroles très douces de frères.

Et sans connaissance à présent, passif comme un cadavre, il fut reporté par eux dans l'infirmerie chaude, qu'ils appelaient le « mouroir ».

XLVIII

Il ne mourut pas cette nuit-là, cependant. En bas, dans ce « mouroir », le médecin le ranima encore.

Pendant plusieurs jours, il continua d'exister et de réfléchir, avec des alternatives d'espoir, ou d'effroi plus glacé devant la mort solitaire. Il prenait un soin obstiné de lui-même, dans la pensée de plus en plus dominante, unique, de durer assez pour revoir sa mère.

Chaque jour, une pauvre lettre commencée pour elle traînait sur son lit, une lettre pour lui dire adieu, qu'il se mettait à écrire en hâte de fièvre, avec une effusion de toute son âme, — puis, qu'il interrompait par fatigue épuisée, et qu'il déchirait après, dans un moment d'espoir revenu ou d'entêtement à ne pas mourir.

Sa « boîte » de matelot — coffret de bois blanc comme ils en ont tous — demeurait à la tête de son lit, contenant de précieuses petites choses qu'il s'inquiétait d'abandonner ; des portraits, des lettres de cette mère si désirée et appelée, quelques-unes très anciennes, toutes jaunies, mais se rapportant à des circonstances particulièrement marquantes de leur vie passée ; et enfin, deux de ses cahiers de collégien, couverts de figures de géométrie, et sur lesquels, un soir de beau soleil et de rêve, il avait inscrit la date de son admissibilité au *Borda*.

Il souffrait très peu, mais il était si faible, d'une faiblesse croissante, profonde, irrémédiable... Il avait des assoupissements agités de songes, des somnolences épuisantes qui le baignaient de sueur. Dans sa tête, était commencé le travail de la mort, le détraquement pitoyable, l'ironique retour aux idées et aux affections de l'enfance. Constamment il repensait à des choses du début de sa vie et se les rappelait avec une intensité morbide qui devenait comme une double vue.

Au contraire, les images de femmes et d'amour avaient cessé d'apparaître : pour je ne sais quelle cause, sans doute très sombrement physique, ces images-là étaient mortes les premières, dans sa mémoire prête à mourir aussi... Oubliée à présent, la jeune fille de Rhodes, qui, tous les soirs d'un mois de juin, était descendue pour lui vers le vieux port désert, attirée par le noir velouté de ses yeux de dix-huit ans ; oubliée, la Canadienne blonde qui lui avait quelque temps fait aimer une rue isolée d'un faubourg de Québec ; oubliées, toutes... A Madeleine seule, il repensait encore, certaines fois, parce que son amour pour elle avait été plus complexe, plus amalgamé à ce grand mystère du tréfonds humain que nous appelons l'âme ; il lui arrivait de revoir encore sa figure pâle et ses jeunes yeux d'ombre, ou de réentendre ses craintives causeries crépusculaires, dans la petite allée triste, sous les tilleuls fleuris, sous les feuilles nouvelles où tambourinait la pluie tiède des soirs d'avril.

Mais il en revenait vite à sa mère, à sa Provence ensoleillée, à son enfance, — surtout à l'époque du premier costume d'homme, du petit feutre brun à ruban de velours. Et d'indicibles désespoirs le déchiraient tout à coup, à la pensée de ne jamais, jamais revoir certains lieux de ce pays, certaines choses de ce temps-là ; — à la pensée, par exemple, de ne repasser jamais, jamais plus, par certain tournant de sentier, où il s'était assis avec sa mère, sous des pins, un soir de dimanche, au printemps...

— Il ne s'en ira qu'aux premiers froids, avait dit le médecin.

Et en effet, l'Alisé, qui entrait par les panneaux ouverts et par les manches tendues, l'Alisé doux, tiède, égal nuit et jour, le soutenait, dans un état stationnaire.

XLIX.

Mais un soir, une immense nuée obscure surgit à l'horizon du sud, envahissante, formant tout de suite voûte de ténèbres. Et le bon vent tomba, et, dans l'air subitement refroidi, deux grands albatros, les premiers, apparurent, — bêtes de l'Austral sombre. Dans la lumière diminuée, dans l'humidité pénétrante qu'on sentait descendre comme un manteau glacé sur les épaules, c'était sinistre, de s'enfoncer, à une tombée de nuit, dans ces régions incertaines que recouvrait ce voile de nuages et où les pires surprises du temps étaient à redouter.

Le lendemain, tout avait changé d'aspect à bord

de la *Saône* que le soleil n'éclairait plus. Au lieu des chapeaux de paille, au lieu des gais costumes en toile propre et blanche, on voyait reparaître les laines bleues, râpées, fanées, trouées de mites et de cancrelas, et les vieux bonnets de fatigue enfoncés plus bas que les oreilles. Et, sur le pont, c'était une agitation extraordinaire parmi les manœuvriers. De solides voiles toutes neuves arrivaient d'en bas, apportées à l'épaule par des rangées d'hommes, en longs cortèges oscillantes. Des filins de couleur blonde, neufs aussi et sentant le goudron, sortaient des cales ; les matelots s'attelaient dessus, puis prenaient leur course et les tiraient, vite, vite, comme des serpents sans fin.

Tout cela se faisait en musique et, dans l'air devenu âpre, salubre aux poitrines vigoureuses mais mortel aux affaiblis, les sifflets d'argent constamment roulaient leurs trilles suraigus. On se préparait à la lutte prochaine contre le vent et contre la mer des zones mauvaises.

Ils tournoyaient, les albatros, très rapprochés, — les mêmes qu'hier, acharnés peut-être pour des semaines à suivre le sillage du navire, — et ils criaient sans trêve de leur vilaine voix gémissante, qui semble le grincement d'une girouette ou d'une poulie rouillée. Et le quatier-maître de l'arrière, outré de toujours les entendre, leur disait, son sifflet serré entre les dents et leur montrant le poing :

— Tu ferais pas mal de graisser un peu ta poulie, toi, les deux grands sales moineaux, là-bas !

Le fait est qu'ils avaient l'air de chanter à la mort, ces deux albatros.

L'agression du vent fut prompte, commencée tout de suite, avant la fin des préparatifs de défense. Dès le second soir, la voix toute-puissante, le « hou-hou » formidable des mauvais jours emplissait l'air, et on était assourdi de bruit. Et les lames enflaient des dos énormes, se rangeaient en longues files de bataille. Et les matelots étaient dans la mâture, au dangereux ouvrage ; les pauvres grosses mains rudes, les ongles durcis et courts, peinaient, en crissant, sur la toile mouillée des huniers qu'on mettait au bas ris. Et tous les visages se hâlaient, saisis et brûlés par le premier froid.

Dans le « mouroir » fermé, qui dansait lourdement avec des sauts et des retombées horribles, les deux qui étaient si malades agonisèrent la nuit suivante.

Lui, Jean, fut pris du tremblement de la grande fièvre ; mais il continua de vivre, avec des alternatives de chaud délire et d'accablement extrême — où son souffle à peine perceptible et les battements ralentis de son cœur simulaient la mort...

Oh ! la lettre, la lettre pour sa mère, qui n'était pas écrite !... Cela devint sa préoccupation, à peine définie parfois, mais constante, même dans son sommeil — et si désolée !... En demi-rêve, toujours il s'imaginait lui écrire, croyait voir une feuille de papier sur son lit, une plume entre ses doigts et des caractères qui se traçaient, lui disant sa détresse et son adieu. Et puis, tout à coup réveillé, il s'apercevait que non, que sa main était restée lourde et immobile, pendante hors de son drap, et qu'aucune feuille commencée n'était là sur sa couverture. Alors, il s'agitait désespérément, demandant par grâce de quoi écrire.

Comme aux petits, on lui répondait : « Tout à l'heure, oui, dans un moment, quand la fièvre sera un peu tombée, on va vous donner votre encrier et votre *boîte*. »

Et les infirmiers échangeaient un bon regard : ce qu'ils ne lui disaient pas, c'est que cette boîte, dans un plus violent coup de tangage, avait roulé à terre, ouverte, brisée, en même temps qu'une lame s'engouffrait à bord, inondant tout ; — et que les chères petites choses, trempées d'eau salée et de boue fétide, n'étaient plus à présent qu'un amas lamentable : lettres, portraits — ou pauvres cahiers de collège entre les pages desquels gisaient, ensevelis à jamais, ses espoirs d'admission au *Borda*.

Pauvre enfant, fait pour la vie insouciante et jeune, pour l'amour et le rêve, pour la santé et pour le sourire, il gardait jusqu'à la fin son enfantillage, qui avait été son charme — et son malheur aussi. Il était pourtant, à certaines heures, un de ces voyants d'abîme auxquels le néant découvre des aspects plus effroyables... Mais c'est un enfant, avec des étonnements, des incrédulités, des révoltes, qu'il allait recevoir la grande Mort, souhaitant surtout d'être bercé par sa mère. Il avait d'ineffables élans vers elle, et de si tendres et bons remords, pour l'avoir un peu oubliée, un peu fait souffrir, aux heures exubérantes de sa vie... Oh !

les douces lettres de larmes qu'il s'imaginait lui écrire...

L'*après*, l'*au-delà*, il n'y croyait guère, devenu matelot sous ce rapport comme sous tant d'autres : ils sont rarement des athées, les matelots ; ils prient, ils font des vœux à la Vierge et aux Saintes mais, par une puérile inconséquence, ils ne croient presque jamais à la persistance de leur âme propre. — Et lui aussi priait, confusément, et ses prières, informulées, mais ardentes, demandaient seulement de n'être pas abandonné dans les grandes eaux, de durer encore un peu, de ne mourir que dans certaine pauvre chambre, bien propre et rangée, dans certain petit lit recouvert d'une broderie au crochet, auprès duquel se tiendrait une figure incomparablement douce, encadrée de bandeaux gris... Oh ! mon Dieu, avoir au moins, dans le cimetière de ce Brest où on arriverait bientôt, une tombe sur laquelle sa mère viendrait s'agenouiller. — Et peut-être même qu'on aurait pu, avec l'argent de ses économies de campagne, le faire transporter là-bas, en Provence, dans un cimetière de son pays !... Mais non, la vie s'échappait trop vite, il le sentait bien, et on allait le jeter à la mer, — et ses yeux s'ouvraient, larges et fixes, dans l'horrible effroi de bientôt descendre, enveloppé d'une gaine de toile, descendre, descendre, à travers la grande obscurité d'en dessous...

Enfin l'agonie commença, longue, atroce, mais presque sans pensées, toute matérielle. Et, le quatrième jour du coup de vent, dans le paroxysme des fureurs déchaînées, dans la grande clameur et dans le grand chavirement de tout, sa mort survint, presque inaperçue des matelots, ses frères, qui en ces excès de fatigue et de danger, en étaient momentanément tombés à une sorte d'animalité farouche.

L

Et son immersion aussi passa comme chose secondaire.

Un sinistre matin, au jour naissant, cousu dans sa gaine de toile, il fut monté péniblement, par deux hommes qui le tenaient au cou.

— Qu'est-ce qu'il y a, demandaient-ils, qu'est-ce qu'il y a, dans le sac, avec lui, — des livres?

C'étaient les cahiers du *Borda*, les lettres, les débris et le couvercle de la boîte, tout; celui qui l'avait cousu, — un humble ne sachant pas lire, — avait pieusement mis avec lui ce qui restait de ces choses précieuses. A grand'peine, à cause de tant de roulis, ils le montaient, avec des brutalités involontaires, qui heurtaient contre des angles de bois sa tête à jamais voilée. Par un panneau, furtivement entre-bâillé pour le laisser passer, il fut remis à d'autres mains qui l'attendaient sur le pont et qui le hissèrent.

Le prêtre, âgé et malade, n'avait pas même pu venir, par ce gros temps dangereux, dire les prières des morts. Et les hommes de corvée étaient seuls, sur ce pont que les lames balayaient.

Pendant un plus effroyable mouvement de roulis, on le jeta dans un de ces gouffres d'eau, qui s'ouvrent et aussitôt se referment. Malgré le poids de fer attaché à ses pieds, une lame, une montée d'écume, le relança d'abord contre le navire, avec une force à briser ses os ; puis il disparut, plongé tout de suite dans le silence pour jamais, et commençant sa descente infinie, dans les ténèbres insondées d'en dessous...

LI

Presque aussitôt, le temps se calma. La grande fureur aveugle allait finir, sans raison comme elle avait commencé; les lames, avec des airs de fatigue, retombaient les unes sur les autres, s'affaissaient en désordre, démontées par une houle plus ancienne qui arrivait d'ailleurs.

Les deux grands albatros, qu'on avait cessé de voir pendant le coup de vent, étaient revenus, accompagnés de toute une suite tournoyante de pétrels gris et de malamoks noirs, qui criaient, avec des sons de vieille ferrure, leur faim insatiable.

Et le vent se taisait; on commençait à s'entendre

parler comme à l'ordinaire ; dans une paix relative, les choses à bord reprenaient leur cours, les panneaux fermés se rouvraient.

Après midi, le vent tombant toujours, l'ordre se trouvait à peu près rétabli partout. La *Saône* tendait de nouveau ses ailes blanches, qu'elle avait si péniblement repliées, — et les matelots retrouvaient le temps de penser à celui qui s'en était allé pendant la grande tourmente, les amis de Jean commençaient à se souvenir tristement de lui.

Et enfin, arriva l'heure recueillie du soir, l'heure du branle-bas et de la prière.

Au commandement coutumier, jeté par l'officier de quart d'une voix brève et distraite, le clairon sonna. Alors ils vinrent s'aligner, deux cents matelots, sortant des flancs du navire par les panneaux étroits, comme un flot qui monte. Cent d'un bord, cent de l'autre, formant deux masses humaines qui avaient des ondulations de troupeau ; on les vit se ranger machinalement, le long de ces frêles murailles basses qui les séparaient de tout le remuement de la mer. Ils étaient tassés, les épaules s'emboîtant les unes les autres ; tassés, tassés sur ce petit refuge de planches qui s'appelait la *Saône*.

12.

— et leur tassement avait je ne sais quoi de pitoyable qui sentait la détresse, au milieu de ce déploiement infini des eaux et de l'air, au milieu de cette débauche d'espace qui était alentour et où, dans les bruissements de lames, dans les cris d'oiseaux, dans tout, chantait la grande Mort...

Sur le pont était monté aussi le prêtre, dans sa robe noire que secouait le vent. Et celui qui commandait, du même ton bref qu'il avait pris pour dire : « Branle-bas ! » et pour faire aligner l'équipage, commanda : « La prière ! » avec quelque chose de plus grave pourtant dans la voix, parce que peut-être, à ce moment, il pensait aux pauvres disparus et à celui qu'on avait jeté ce matin même dans les effroyables profondeurs fuyantes du dehors.

« La prière ! » Le matelot-clairon, gonflant une fois de plus ses joues et les veines de son cou, lança vers le vide extérieur cette courte sonnerie saccadée qui annonce chaque soir le *Pater* et l'*Ave Maria* des marins. Hautes et claires, les notes de cuivre vibraient cette fois plus étranges, dans la rumeur sourdement puissante des eaux. Et cette sonnerie semblait comme un appel, à je ne sais qui de très lointain ou d'inexistant, qu'on allait implorer pour la forme sans espoir.

« La prière ! » Alors, un silence et une immobilité soudaine se firent chez les hommes, après que les rudes mains eurent touché rapidement les bonnets, qui, tous ensemble, tombèrent. Et les deux cents jeunes têtes apparurent, découvertes maintenant, presque toutes blondes, tondues ras, semblables à des velours ayant, dans la pénombre, des reflets clairs ; les épaules musculeuses, dessinées sous la toile usée des costumes, se pressaient en une seule masse et subissaient, au roulis, un même balancement monotone.

« Notre Père, qui êtes aux Cieux... » commença le prêtre, de sa voix qui tremblait un peu, qui n'avait pas, ce soir, son impassibilité d'habitude.

Alors, deux ou trois regards très enfantins se levèrent avec confiance vers le ciel, dont le prêtre parlait : il s'emplissait d'ombre, ce ciel, et, tandis que se continuait le *Pater*, autour d'eux tous, les pétrels et les albatros, mangeurs de débris, attardés dans le crépuscule, tournoyaient, tournoyaient avec les mêmes cris, chantant toujours, comme le vent et la mer, la chanson de la grande Transformeuse d'êtres, la chanson de la grande Mort.

La plupart des matelots avaient tourné machinalement la tête vers l'homme en robe noire qui priait, et, à cet instant où l'insouciant rire ne les égayait plus, on lisait sur ces visages jeunes de longues hérédités de lutte et de misère : tous ces traits si vigoureux, accentués par la fatigue du soir, semblaient durs et matériels, avec je ne sais quoi d'humblement résigné et de passif ; chez les Bretons, qui dominaient, reparaissait la rudesse primitive. Dans les yeux seulement, dans ces yeux restés très candides qui regardaient le prêtre, s'indiquaient çà et là des envolées d'âme vers quelque leurre de ciel, vers quelque paradis de légende, quelque imprécise éternité ; mais d'autres se révélaient presque sans pensée, semblaient refléter seulement l'infini des eaux, et s'arrêter à des conceptions rudimentaires, voisines du rêve confus des bêtes.

« Je vous salue, Marie pleine de grâce, vous êtes bénie entre toutes les femmes et Jésus, le fruit de vos entrailles, est béni... » Il prononçait cette fois l'éternelle redite des soirs d'une voix de plus en plus lente, avec quelque chose d'entrecoupé ; en même temps, chez ces grands enfants qui écoutaient, commençait à venir un peu de furtif chagrin, au ressouvenir de Jean ; un vrai serrement de cœur même, chez ceux qui l'avaient aimé ; dans le petit groupe des Joal et des Marec, qui l'avaient enseveli, les yeux devenaient troubles comme sous un voile et, à la gorge, quelque chose s'étranglait. Sur toutes ces têtes alignées, flottait, pour la dernière fois, l'ombre de celui qu'on avait jeté ce matin au grand abîme vert...

« Sainte Marie, mère de Dieu, priez pour nous... » Les plus distraits suivaient maintenant ces paroles, cent fois entendues, qui avaient pris comme un sens nouveau. Et quand le prêtre, après un arrêt, et la voix plus grave encore, prononça ces derniers mots d'une simplicité sublime : « ... pour nous, pauvres pécheurs... maintenant... et à l'heure de notre mort, » tout à coup, sur les joues de deux ou trois de ces hommes qui l'entendaient, de brusques larmes coulèrent, qui jaillissaient rapides et pressées comme une pluie...

« Ainsi soit-il ! » Toutes les têtes de velours blond s'étant inclinées comme sous un même souffle, quelques mains remuèrent, touchant très vite les fronts et les poitrines, pour ce geste mystique qui est le signe de la croix, — et puis ce fut fini : dans le bruit du vent qui fraîchissait avec la nuit, dans le brouhaha des hamacs qui se jetaient et se rattrapaient, la gaîté était revenue avec l'inconscience. Il semblait que la prière et les courtes pensées de la mort fussent restées en arrière, dans l'immense espace changeant qui fuyait toujours... Sur ce bateau où on l'avait vu mourir, Jean ne laissait déjà plus qu'une image pâlie, subitement lointaine au fond des mémoires. Tous ces êtres jeunes, dans l'excès de la vie physique, oubliaient vite...

On ne chanta pas ce soir-là, à cause de lui ; mais, dès le lendemain, la chanson du « *Vieux Neptune* », entonnée d'abord par quelques voix, fut bientôt reprise en chœur. Et, comme si de rien n'était, la *Saône* continua sa route monotone vers la France..

LII

. . . .

Un mois plus tard, à Brest où la mère attendait, le navire était enfin arrivé, au printemps tout nouveau, par une de ces après-midi, indécises et encore froides, des avrils de Bretagne.

Plus personne de malade à bord. Après Jean, on en avait bien encore jeté trois à l'eau infinie, mais très loin, là-bas, dans l'hémisphère sud où volent les albatros. Les autres s'étaient rétablis ; brusquement la forte santé avait en eux repris le dessus.

A cette arrivée, c'était, chez tous les matelots, une excitation, une sorte d'affolement joyeux, chez ceux-là même qui n'avaient ni mère ni fiancée et que personne n'attendait. Après le mouillage, la manœuvre terminée, tout marchait un peu à la diable, à bord ; les officiers, distraits eux aussi, la tête ailleurs, laissaient faire, jugeant presque leur longue et rude tâche finie. Là, tout de suite, dès l'entrée en rade, c'était le commencement de la désagrégation du navire et de l'équipage ; rien ne se tenait plus, et on sentait déjà le « désarmement », la dispersion prochaine et définitive de tous ces hommes, de toutes ces choses qui, pendant plus de deux ans, s'étaient promenés sur les mers lointaines, si étroitement groupés, formant un ensemble, un même corps, ayant, en commun, un nom, un amour-propre et presque une âme.

Il faisait assez beau, sur cette rade française revue au printemps, avec toutefois des menaces de vent et de pluie, suspendues sous forme de gros nuages voyageurs, dans l'air humide, dans l'air frissonnant et inquiet.

On était allé chercher la *Santé*, c'est-à-dire la permission de communiquer avec le monde extérieur, avec cette France retrouvée. Et quelques canots arrivaient à l'entour de la *Saône*, lourds et rudes canots de la rade de Brest, gréés pour les continuels mauvais temps, voilés de grosse toile brune, et tout éraillés par les coups de mer.

Tout cela n'avait certes pas la gaîté des retours dans les ports de la Méditerranée, dans ces ports du pays de Jean, où des centaines de petites barques frêles, peintes de couleurs claires, en sécurité sur l'eau calme, viennent avec un joyeux tapage prendre à l'assaut le navire qui arrive.

Dans ces canots, qui se rangeaient aux côtés de la *Saône*, tenus à distance jusqu'au retour de la Santé, il y avait des femmes, des marchandes, des blanchisseuses, des petites ouvrières, en quête de l'argent des nouveaux venus ; et puis aussi, par-ci par-là, une mère, une sœur, ou une simple « connaissance », qui demandait un matelot par son nom, le voyait bientôt paraître à un sabord, et échangeait avec lui le gai bonjour, en attendant la permission de monter l'embrasser.

Ceux de l'équipage qui ne pouvaient connaître personne parmi ces Brestoises, regardaient tout de même, penchés sur le bastingage, contents de revoir après si longtemps des figures de femmes françaises, et se communiquant des réflexions d'enfant sur les modes qu'elles portaient, sur certains nou-

13

veaux petits corsages d'une forme inventée pendant leur absence, qui les surprenait...

Pour passer le temps, les Joal, les Marec et les Kerboulhis, le groupe intime qui allait bientôt se séparer pour jamais, regardaient aussi, rieurs et causant de choses quelconques.

Mais tout à coup Pierre Joal, la figure glacée comme s'il avait aperçu un spectre, se rejeta en dedans du navire, tirant les autres par le bras pour les faire se sauver aussi :

— La mère de Jean !!!...

Et tous les cinq, comme des garçons affolés de peur, se baissèrent d'abord pour se cacher derrière le bastingage, puis se reculèrent, tout courbés, jusqu'au centre où on ne pouvait plus les voir.

La mère de Jean ! oui, c'était elle, qui arrivait et qui était déjà là tout près, les yeux interrogateurs, les yeux grands ouverts, moitié de joie et moitié d'impatience inquiète : parmi toutes ces têtes, qui souriaient au-dessus du bastingage de la *Saône*, elle cherchait son fils et ne trouvait pas, ne trouvait pas encore...

. . . .

Oh! tout ce qu'elle avait rêvé, combiné, préparé, pendant des mois, pour ce retour : embelli leur petit logis triste, auquel tous deux commençaient cependant à s'attacher, faute de mieux, pour l'avoir un peu longtemps habité ensemble ; embelli surtout sa chambre à lui... Grâce à des miracles d'économie, d'ordre, de travail ingénieux et de goût, elle avait fait tout cela sans toucher à sa délégation, qu'elle avait placée. Et, ce matin, quand un vieux guetteur, chargé depuis plusieurs jours de ce soin, était venu l'avertir que la *Saône* était signalée aux sémaphores et mouillerait sur rade dans deux heures, elle avait fiévreusement mis tout en ordre, acheté des bouquets pour les vases, loué une femme pour leur faire et leur servir le dîner de ce soir... Sa toilette aussi l'avait beaucoup agitée ; comme il tenait à ce qu'elle reprît l'air d'une dame, elle avait fait poser une plume à son nouveau chapeau, — ce qui depuis cinq ans ne lui était plus arrivé, — une plume grise, d'une couleur qu'il trouverait distinguée ; mais au moment de s'habiller pour venir au-devant de lui, elle avait hésité longtemps, à cause du ciel incertain, à mettre ce beau chapeau neuf destiné à leurs promenades des dimanches d'été ; cependant elle s'y était décidée, pour faire plus d'honneur à ce fils qui aimait à ce qu'elle eût bonne façon devant les autres marins et les officiers du bord.

Quand le batelier qui l'amenait lui avait montré, au sortir du port, ce navire à peine mouillé sur rade, en lui disant : « La voilà, votre *Saône !* » un tremblement subit lui était venu, avec un peu de vertige...

Comment allait-il être, quelle mine rapporterait-il de là-bas, son Jean ? Elle ne se sentirait rassurée qu'après l'avoir bien regardé... Cette dysenterie et ces fièvres de Cochinchine, dont il lui avait avoué être un peu atteint, lui causaient tout à coup un effroi plus grand ; elle songeait maintenant à ceux qu'elle avait vus revenir, si blêmes, et qui, les entrailles perdues, déclinaient lentement malgré les soins des mères. Et, à mesure que cette *Saône* se rapprochait, grandissait, grandissait sur la rade houleuse, la joie et l'anxiété de le revoir, alternativement lui revenaient au cœur, toujours plus poignantes ; mais c'était encore la joie qui dominait, avec une impatience tremblante, de le tenir et de l'embrasser...

Pour la seconde fois, elle venait de passer en revue, de l'avant à l'arrière, ces têtes qui apparaissaient partout. Pourquoi ne se tenait-il pas sur le pont, son fils, comme tant d'autres ?... Une angoisse lui venait, là, tout de suite déchirante, tout de suite affreuse, rien que pour ne l'avoir pas déjà vu — ce qui était pourtant si naturel, comme elle cherchait à se l'expliquer à elle-même, puisqu'il pouvait être de quart, de service en bas dans les faux-ponts... La tête un peu perdue, elle commandait au batelier de s'approcher, malgré les gestes du factionnaire de « coupée », — un tout jeune, un petit Breton tout sauvage qui, d'une main, serrait ferme son fusil, de l'autre, leur faisait signe :

— Au large ! faut pas accoster ! C'est pas encore permis !

A bord, les amis de Jean, réfugiés tous les cinq au pied d'un mât, tenaient conseil rapide, à voix basse et effarée. Que faire ? Prévenir l'officier, proposait Marec ; c'était précisément M. Tanguy qui était de quart, un bon celui-là, qui viendrait lui parler, très doucement...

— Ah ! ouatte, répondait Pierre Joal, pour la

chose qu'on a à lui dire, va, doucement ou fort, c'est bien tout comme !

Mon Dieu ! et la *Santé* qui arrivait aussi, qui était près d'accoster ! Alors on allait la laisser monter à bord cette mère, comme les autres ; d'ailleurs elle devait être la plus près de toutes, cramponnée sans doute à l'échelle, malgré la défense, puisqu'on entendait à présent sa voix, sa voix qui commençait à être changée et haletante, demander à ce factionnaire *où était Jean Berny...* Et ce tout jeune et tout sauvage, qui avait pourtant compris du premier coup que c'était la mère, restait là, perché sur sa «coupée », figé par le devoir à son poste, devenu rouge jusqu'au front, feignant de ne pas comprendre ce qu'on lui demandait d'en bas, détournant la tête, les regardant, eux qui avaient été les amis du défunt, avec un air de les appeler à son secours — et vite...

— Jean Berny, vous savez bien, Jean Berny... quartier-maître de manœuvre ?... insistait la pauvre voix, maintenant tout étranglée d'angoisse...

Alors, dans sa frayeur folle de la voir monter à bord, Pierre prit une décision brusque et brutale. Au crayon, d'une grosse écriture mal assurée, il écrivit sur son carnet d'appel : « Jean Berny est décédé, à la mer, il y a un mois », déchira la feuille, la plia en deux et courut la jeter au factionnaire.

— Donne-lui ça, petit, donne-lui vite !

Et puis, se sauva dans la cale, épouvanté comme s'il l'avait égorgée, et suivi des quatre autres, qui ne voulaient pas non plus entendre le cri de cette mère...

. . . .

Quand ils remontèrent sur le pont, quelques minutes après, la pluie tombait, froide, cinglante, et le vent sifflait. Toutes les barques, sans exception, partaient ou allaient partir, effrayées de ce grain qui était venu si vite et qui avait mauvais aspect.

Timidement, ils s'approchèrent de la « coupée », pour voir où en était le canot de la mère de Jean Berny, — et ils le reconnurent de suite, là, finissant de hisser ses voiles, à dix mètres du bord ; au fond, sous les bancs, traînait une forme humaine, qu'un des bateliers maintenait parce qu'elle avait des soubresauts comme pour se jeter dehors ; on avait étendu dessus une grosse toile d'abri comme sur un cadavre, mais on voyait dépasser un chapeau de femme, tout mouillé, avec une pauvre plume grise qui balayait la vase des planches, et une main, au gant moitié arraché, qui avait du sang plein les doigts... Le petit factionnaire breton, devenu tout pâle à présent, avec une larme sur chaque joue, leur expliqua :

— C'est tout à l'heure, en voulant s'accrocher pour monter à bord, qu'elle s'a enlevé ses ongles, dessus le morceau de fer.

— Mon Dieu, mon Dieu, dit Pierre Joal, de sa voix lente et profonde, mon Dieu Seigneur!.. Voir des choses comme ça, tout de même!!!...

Il ne les vit pas longtemps, ces choses, du reste, car ses yeux devinrent troubles tout de suite, au souvenir de sa mère à lui, son cœur se fendit tout à fait, un sanglot s'étouffa dans sa gorge, et ses larmes ruisselèrent, mêlées à la grande pluie qui inondait tout...

LIII

Elle était chez elle, ramenée ou rapportée, mise sur son lit sans savoir par qui, étendue là depuis un nombre d'heures quelconque; toujours habillée dans sa belle robe, qui était perdue de taches de vase, et encore chaussée de ses souliers, qui avaient maculé de boue la courtepointe blanche. A sa main blessée, était une sorte de pansement, que quelqu'un lui avait fait, mais qu'elle avait à moitié arraché en se tordant les bras et qui laissait suinter des gouttes rouges.

Pendant la nuit, elle avait eu des assoupissements lourds, traversés, éclairés en dedans par de sinistres incohérences cérébrales, où repassaient toujours des images de son fils mort ; — et ses réveils devenaient chaque fois d'une clairvoyance plus déchirante, dès que s'était évanoui en quelques secondes le court espoir d'avoir seulement rêvé. La grande chose affreuse, au contraire, s'affirmait de plus en plus ; dans sa pauvre tête, qui secouait peu à peu le premier engourdissement du coup de massue, cette chose s'établissait, toujours plus réelle, et plus froidement, plus irrévocablement définitive...

... Cette fois, à ce réveil-là, il faisait jour quand elle ouvrit les yeux, après un assoupissement plus long. Une clarté neuve et fraîche entrait, impassible comme si de rien n'était. Ce devait être le matin, le début d'un jour fugitif quelconque, jour d'un printemps pareil à tous les autres. Elle s'éveillait avec une insouciance de morte, insouciance pour l'heure, pour le temps et la durée, — comme du reste pour tout. Sous l'impression d'un écrasement effroyable, mais qui ne se définissait pas bien tout de suite, dans le retour progressif, lent et fatigué de la conscience, elle regardait les choses ambiantes et les voyait comme du fond d'un abîme comme si elle eût été couchée déjà dans son cercueil. Elle n'espérait plus être le jouet d'un rêve sombre qui passerait; non, la notion de la *réalité* d'un malheur infini était maintenant imprimée dans son cerveau. Avant de se mieux souvenir, elle percevait de ses yeux ternes, avec un détachement absolu, le désarroi de quelques pauvres objets, jusqu'ici tant soignés : son lit, couvert de la boue de ses souliers; jeté sur une chaise là-bas, le chapeau à la plume grise, qui semblait avoir traîné au ruisseau, et sur sa cheminée, son vase le plus précieux, rapporté de la maison de Provence, renversé et brisé, les fleurs par terre. Puis son regard tomba sur deux femmes, assises à son chevet, — deux femmes du voisinage qui s'étaient relayées pendant la nuit pour la veiller et la maintenir, — et enfin tout à coup l'éclaircie atroce se fit dans sa mémoire, avec une netteté plus implacable : ah ! son fils !... ah! son Jean !... Soulevée alors en sursaut, comme par quelque ressort intérieur qui, en se détendant, lui aurait lacéré les entrailles, elle cria longuement, assise sur ce lit, se labourant le front avec ce qui lui restait d'ongles, se serrant la tête à deux mains, comme pour écraser le mal affreux qui était dedans.

Et, pendant son long cri profond, déchirant à
entendre, les deux femmes du peuple qui la veillaient, — qui étaient des mères elles aussi, et
qu'une exquise délicatesse innée maintenait immobiles et sans banales paroles, — s'entre-regardèrent
seulement, avec des yeux troublés de larmes...

Mais ensuite, prise par une de ces rages de mouvement, comme il en vient aux suppliciés, rage de
fuir, de se jeter quelque part, de se frapper la tête
contre des murs, elle descendit de son lit très vite,
s'accrochant, à mains tremblantes, aux rideaux
blancs ; — alors, les deux femmes se levèrent
aussi, inquiètes de ce qu'elle allait faire. Sa figure,
réapparue au grand jour, avait changé et vieilli de
dix années, creusée en une seule nuit par toute la
fatigue de son humble vie de travail perdu, de lutte
inutile, d'attente vaine ; ses yeux reflétaient même
quelque chose de mauvais et de haineux, qui était
nouveau, que l'angoisse sans doute avait fait surgir
des tréfonds ignorés de son âme, — et même, avec
sa robe traînée, ses cheveux défaits, et je ne sais
quel affaissement un peu bestial survenu dans sa
lèvre, elle avait pris un air peuple, elle aussi, un
air de pauvresse vaincue, un air qui aurait fait mal

à son Jean, plus que tout, s'il avait pu voir...

En finir, elle-même, c'était tout ce qui lui apparaissait de possible !... Ouvrir une fenêtre, se jeter par là, et aller finir, en bas, sur le granit des pavés! Mais la mort même ne la contentait pas encore, ne lui suffisait pas, n'arrangeait rien à son gré, dans sa tête en détresse. D'abord son désespoir, révolté contre le Dieu aveugle qui avait fait cela, révolté contre les hommes aussi et contre tout, avait besoin de durer un peu, de se donner le temps de protester et de maudire. Et puis, s'en aller comme cela, en pauvre vieille femme suicidée, qu'on ramasserait tout à l'heure avec dégoût, c'était presque amoindrir ce fils, manquer au culte de sa mémoire.. D'ailleurs, après, elle morte, personne sur terre ne se souviendrait de lui; cela éteindrait l'image adorée qu'elle en gardait en elle-même, la seule image de lui qui restât; il serait plus vite plongé tout au fond de la grande Ténèbre, — et quelque chose de cette impression-là, à peine définie, confusément la retenait aussi... Pourtant, quoi ? Que faire?... Où trouver le courage de cette affreuse vie continuée sans lui dans un lent et effroyable avenir?...

Elle se traînait de côté et d'autre, dans cette

chambre, allant se jeter dans des coins où sa tête heurtait le mur.

En passant, elle avait, par mégarde, renversé d'une table des objets qui s'étaient brisés et, comme une des femmes, restée de veille, s'interposait en essayant de la « raisonner », elle revint, d'un geste navrant, en briser d'autres — de ceux auxquels elle tenait le plus et qu'elle avait religieusement soignés pendant des années. Elle s'était senti une irritation d'insensée contre cette indifférente, qui voulait lui faire prendre garde à de si petites choses en un tel moment, et elle avait éprouvé ce besoin de lui bien donner à entendre qu'elle ne faisait de cas ni d'elle, ni de son raisonnement, ni de quoi que ce fût au monde, que rien ne comptait plus, que rien n'existait plus, — à présent que son Jean était mort..

Elle ne pleurait pas; il y avait tantôt vingt-quatre heures que l'horrible petit morceau de papier blanc avait été remis dans sa main par ce matelot de la *Saône*, et elle n'avait pas pleuré. Son expression gardait je ne sais quoi de ferme et de fixe; son nez s'était pincé, et un pli vertical, accentué au milieu de son front, descendait entre ses yeux. Ses lèvres et son palais s'étaient desséchés; elle avait la sensation d'une lourde masse de fer, logée à l'intérieur de sa tête, et d'un cerclage, aussi de fer, trop serré autour de ses tempes.

Elle passait par des instants d'inconscience et d'hébétement, semblables un peu à ses sommeils de l'affreuse précédente nuit; puis revenaient les rappels déchirants, les besoins de se frapper la tête et de crier d'angoisse, d'exhaler un de ces longs gémissements rauques, qui soulagent un peu tant qu'ils durent...

Ainsi s'était écoulé tout le matin et presque tout le jour. Elle retardait de mourir, surtout parce qu'on la veillait, et elle se sentait excédée de la présence de ces femmes qui s'obstinaient à rester là. Dans ses moments bien lucides, son désespoir de plus en plus gagnait en profondeur, l'imprégnait plus mortellement jusqu'aux moelles; à chaque ressouvenir de son Jean qu'elle évoquait, à chaque projet brisé à jamais qui lui traversait l'esprit, elle sentait l'étreinte de la griffe inexorable toujours plus serrée et plus pénétrante...

Qu'est-ce donc qu'il avait fait à Dieu, son fils, son Jean, son beau Jean, son bien-aimé et son unique !... Jamais de bonheur pour lui !... Pourquoi son enfance et sa jeunesse si rudes et si abandonnées !... Presque renié par sa famille de là-bas parce qu'ils étaient pauvres, — puis délaissé, oublié par cette Madeleine, par tous !... Et, pour finir, cette mort misérable, loin de sa mère, — et on le lui avait jeté à l'eau comme chose perdue !...

Elle repensait sans cesse à cette fenêtre à ouvrir et à ces pavés qui recevraient sa tête. Mais, chaque fois, la même pudeur la retenait de faire cela, — et aussi un autre sentiment plus puéril qui venait de surgir : elle se rappelait l'attachement de son Jean pour certains petits objets à lui, rapportés de Provence, qu'il lui avait confiés, et pour des objets à eux deux, de leur modeste ménage de mère et de fils... Elle regrettait ceux qu'elle avait brisés tout à l'heure. Les autres, entre quelles mains tomberaient-ils quand elle n'y serait plus, quelles profanations les attendaient ? Il fallait aviser, songer à cela, attendre à demain pour avoir des idées là-dessus... Et, en y pensant, à ces pauvres petites choses, il lui sembla un moment que cette masse de fer, dans sa tête, s'amollissait, comme pour fondre, qu'une espèce de détente allait survenir; — mais non, ses yeux restèrent desséchés et sa poitrine immobile; sa douleur n'était pas encore mûre pour les larmes...

Une envie la prit tout à coup de revoir les portraits de son fils, tous ses portraits de différents âges qu'elle conservait ensemble. Depuis deux mois, elle avait presque cessé de les regarder, étant toute à la pensée de l'attendre, — d'attendre un Jean qui sans doute ressemblerait à peine à celui d'autrefois, un Jean de vingt-quatre ans, tout à fait homme et tout à fait beau. Pour les chercher, elle courut à son armoire, y dérangea plusieurs objets très vite, avec égarement. De ces chers portraits, il y en avait un surtout qu'elle aimait, un qui le représentait en matelot, souriant de son joli sourire d'enfant; dans cette photographie-là, s'était fixé pour un temps ce quelque chose de visible, mais de mystérieusement inexplicable, qui vient de l'âme et qui est l'*expression;* un dernier reflet de son âme à lui, disparue dans la grande Ténèbre, persistait en cette très petite image — que la mère maintenant regardait. Et en la regardant, avec une sorte d'avidité de souffrir, en la regardant de bien près, elle s'aperçut que le papier, déjà jauni, s'était piqué de points blancs, à l'humidité de Brest : alors, ça aussi, c'était impossible à retenir ; ça aussi, ça s'en allait... comme tout !...

... Oh ! et le « petit chapeau » !... Une folie lui vint, de le revoir tout de suite et de le toucher. S'approchant de la clarté de la fenêtre, elle ouvrit fiévreusement le vieux carton vert, déplia la gaze qui enveloppait la relique enfantine, — et, tout fané, il reparut au pâle soleil printanier du nord, le « petit chapeau », qui avait été étrenné, là-bas dans la chaude Provence, pour une si lumineuse fête de Pâques, enfouie à présent derrière un rapide entassement d'années mortes... Il symbolisait pour Jean toute la période heureuse, choyée et ensoleillée de sa vie ; il lui représentait ses belles toilettes des dimanches, au temps passé, tout son luxe d'autrefois dans sa famille provençale, luxe très modeste, à dire vrai, mais que le pauvre enfant, devenu matelot, s'exagérait volontiers en souvenir... Et la jolie tête aux boucles brunes, qui s'était coiffée jadis de ce petit feutre à ruban de velours, après être devenue très rapidement une tête virile, avait eu juste le temps d'entrevoir le puissant rêve des procréations, le délicieux trouble d'amour, et, maintenant, roulée au fond inconnu des eaux éternellement obscures, elle n'était déjà qu'un rien sans nom, plus négligeable et plus perdu dans l'infini que le moindre galet des plages...

La mère, dans ses mains agitées et tremblantes, le retournait, le « petit chapeau » ; jamais elle ne lui avait trouvé autant qu'aujourd'hui cet air démodé et lamentable, cet air de relique d'enfant mort. Elle vit même qu'une mite avait fait un trou dans le velours et que, çà et là, des moisissures blanches apparaissaient : le commencement du travail des infiniment petits, qui seront les grands triomphateurs de tout, et qui d'abord détruisent les pauvres objets auxquels nous avons l'enfantillage de tenir...

Qu'en faire, à présent, du « petit chapeau » que son Jean lui avait tant recommandé de soigner ? Dire qu'après elle personne ne resterait, personne au monde ayant un peu aimé son fils, personne à qui pourrait être laissée cette relique de lui. Alors quoi ? l'anéantir tout de suite de ses propres mains, la brûler ? Elle ne s'en trouvait pas le courage. Oh ! qu'en faire, mon Dieu ? Voici que, dans sa tête en déroute, la présence du petit feutre à ruban de velours apportait une complication plus affreuse. Cela créait une entrave à mourir — et pourtant, quand elle se condamnerait à traîner longuement la vie, en vieille femme solitaire et pauvre, pour défendre contre le temps, avec une obstination puérile, ces riens qui venaient de lui, — et après? il faudrait bien toujours en finir, et tout s'en irait plus pitoyablement, profané par des mains quelconques, les vêtements bien-aimés, revendus à la friperie et au chiffon...

Oh ! le « petit chapeau », le cher petit chapeau de Pâques, s'en allant à la guenille, dans quelque hotte de chiffonnier !... A cette image entrevue, il lui sembla que tout s'effondrait en elle-même ; cette fois, l'oppressante masse de fer se dissolvait, fondait décidément, dans sa tête, dans son cœur, partout. Son dos, secoué d'abord par des spasmes irréguliers, prit un mouvement de soufflet haletant, plus saccadé que la respiration ordinaire, — et enfin elle s'affaissa dans une chaise, la tête tombée en avant sur une table, pour pleurer à grands sanglots ses premières larmes de mère sans enfant...

Mais ce n'était qu'une crise physique, une reprise de l'équilibre de vie, une de ces réactions appelées « attendrissement », que provoquent en général les très petites choses, les détails, les riens, et qui soulagent un peu, passagèrement, les désespérés, en changeant leur mal.

D'apaisement d'âme, il semblait qu'elle n'en eût plus à attendre, jamais. En fait d'âme, elle était comme ces suppliciés qui doivent demeurer cloués à quelque barre ou à quelque croix pour attendre la mort, et qui ne peuvent même pas avoir d'accalmies de souffrance, avant l'heure de se débattre dans la crise finale d'agonie. La vie venait d'être fermée devant elle par d'épaisses portes de plomb, aussi sourdes et immuables que celles qui gardent l'enfer. Seule, seule au monde, vieille femme sans fils, sans espoir et sans prière, qu'on ramasserait bientôt, noyée, à la plage, ou sanglante, sur les pavés de la rue...

LIV

Mais, vers le crépuscule de ce second son, comme elle était là, assise dans sa même chaise, les yeux séchés, les tempes bruissantes de fièvre, l'âme déchirée et vidée, — son regard errant s'arrêta en face, sur deux images du mur : une vierge, toute blanche dans ses voiles, avec la date de la première communion de Jean inscrite à ses pieds, et un Christ d'ivoire, tête penchée sur sa croix...

Les femmes qui la veillaient l'avaient laissée, la croyant plus calme ; elle était seule, — comme à présent elle serait toujours jusqu'à sa mort.

Dans la pénombre envahissante, une traînée de jour mourant restait sur ces deux images, comme une indication et un appel. Et tandis qu'elle les fixait de ses pauvres yeux hagards, quelque chose s'attendrissait, mais bien au fond de son âme, cette fois ; quelque chose s'apaisait, s'apaisait peu à peu, — et le flot des larmes tout à coup remonta, mais différent et moins amer... Sa grande révolte finie, elle se leva dans un élan subit de prière, pour aller se jeter au pied des images, s'abîmer à deux genoux, tête levée vers elles, — et là, tout se fondit dans une douceur encore plus grande, qui fit couler ses larmes comme d'une source... Le céleste revoir apparut à cette mère, avec les promesses éternelles et tout le leurre radieux de cette immortalité chrétienne telle que les simples l'entendent et telle qu'il faut qu'elle soit pour consoler : son Jean, son bien-aimé, retrouvé là-haut ; son Jean qui serait encore tout à fait lui-même, encore humain et encore enfant ; qui aurait encore l'enfantillage de son sourire terrestre, qui se souviendrait de la maison de Provence, — qui se souviendrait du « petit chapeau » et des dimanches de Pâques ensoleillés d'autrefois.

Oh ! oui, tout s'était apaisé, comme la fièvre au contact de l'eau fraîche. Entre ces deux âmes de fils et de mère, l'une issue de l'autre, je ne sais quel lien mystique s'était renoué, et ce lien donnait à l'âme qui restait l'illusion de la persistance de l'âme qui s'était anéantie.

Résignée à présent, elle entrevoyait la possibilité de sa vie solitaire, de sa vie reprise comme sous le regard lointain et un peu voilé de son fils; elle avait la vision de l'ordre rétabli dans ce petit logis qu'elle ne quitterait plus, de ses vêtements noirs qu'elle ferait faire convenables à cause de lui, par respect pour lui, comme un deuil de dame. Et elle parlait dans ses sanglots : « Oui, Seigneur, je me soumettrai... Oui, je vivrai, je travaillerai, je ferai de mon mieux... jusqu'à l'heure où vous me rappellerez à vous... »

. . . .

O Christ de ceux qui pleurent, ô Vierge calme et blanche, ô tous les mythes adorables que rien ne remplacera plus, ô vous qui seuls donnez le courage de vivre aux mères sans enfants et aux fils sans mère, ô vous qui faites les larmes couler plus douces et qui mettez, au bord du trou noir de la mort, votre sourire, — soyez bénis!...

Et nous, qui vous avons perdus pour jamais, baisons, en pleurant, dans la poussière, la trace que vos pas ont laissée en s'éloignant de nous.....

FIN

IMPRIMERIE CHAIX, 20, RUE BERGÈRE, PARIS. — 3020-2-25. — (3317-2-25)

www.ingramcontent.com/pod-product-compliance
Lightning Source LLC
Chambersburg PA
CBHW060121170426
43198CB00010B/981